COMO SER UM
MILIONÁRIO
BUDISTA

MATT JARDINE

COMO SER UM
MILIONÁRIO BUDISTA

9 passos práticos para ser feliz
em um mundo materialista

Tradução

Sandra Martha Dolinsky

1ª edição

Rio de Janeiro | 2021

CIP-BRASIL. CATALOGAÇÃO NA PUBLICAÇÃO
SINDICATO NACIONAL DOS EDITORES DE LIVROS, RJ

J42c

Jardine, Matt
 Como ser um milionário budista : 9 passos práticos para ser feliz em um mundo materialista / Matt Jardine ; tradução Sandra Martha Dolinsky. - 1. ed. - Rio de Janeiro : BestSeller, 2021.

 Tradução de: How to be a buddhist millionaire : 9 practical steps to being happy in a materialist world
 ISBN 978-65-5712-090-3

 1. Autorrealização (Psicologia). 2. Felicidade. 3. Materialismo - Aspectos religiosos - Budismo. I. Dolinsky, Sandra Martha. II. Título.

21-69234
CDD: 158.1
CDU: 159.947

Leandra Felix da Cruz Candido - Bibliotecária - CRB-7/6135

Texto revisado segundo o novo Acordo Ortográfico da Língua Portuguesa.

Título original:
How to Be a Buddhist Millionaire

Copyright © Matt Jardine, 2020
This edition of the work has been arranged through Red Rock Literary Agency Ltd.
Copyright da tradução © 2021 by Editora Best Seller Ltda.

Todos os direitos reservados. Proibida a reprodução, no todo ou em parte, sem autorização prévia por escrito da editora, sejam quais forem os meios empregados.

Direitos exclusivos de publicação em língua portuguesa para o Brasil adquiridos pela Editora Best Seller Ltda.
Rua Argentina, 171, parte, São Cristóvão
Rio de Janeiro, RJ – 20921-380
que se reserva a propriedade literária desta tradução

Impresso no Brasil

ISBN 978-65-5712-090-3

Seja um leitor preferencial Record.
Cadastre-se no site www.record.com.br e receba informações sobre nossos lançamentos e nossas promoções.

Atendimento e venda direta ao leitor
sac@record.com.br

A todos que buscam um caminho melhor

Sumário

Introdução   09

- **Parte I: O caminho do dinheiro**
  O "lugar nenhum por todo lado" _____ 23
  Dinheiro faz o mundo girar _____ 37
  O dinheiro e o setor bancário _____ 55

- **Parte II: O caminho do sentido**
  A busca por sentido _____ 69
  Encontrando seu *wa* _____ 83
  O prazer momentâneo, o medo e a fé _____ 97

- **Parte III: O caminho do milionário budista**
  O caminho entre o dinheiro e o sentido _____ 119

  Lição 1: Comece de onde está _____ 127
  Lição 2: A arte do "um passo de cada vez" ___ 139
  Lição 3: Quando o aluno está pronto,
             o professor aparece _____ 149
  Lição 4: A lista das coisas a "não fazer" ___ 161
  Lição 5: A arte da meditação _____ 181
  Lição 6: Quando as coisas dão errado _____ 201

Lição 7: Moedas invisíveis _____ 221
Lição 8: Amor, gratidão e o coração (sutra) ___ 237
Lição 9: Você tem o que é preciso _____ 255

Conclusão _____ 275

Introdução

Até as vestes do Dalai Lama custam dinheiro. Embora Sua Santidade não precise sacar a carteira para nada, alguém em algum lugar vai pagar essa conta.

ANÔNIMO

Para o seu próprio bem, responda com sinceridade. Se você tivesse um milhão em dinheiro, estaria vivendo sua vida atual? Teria o emprego que tem hoje? Se a resposta for sim e você estiver feliz, parabéns. Se a resposta for não, não se preocupe, você não está sozinho e este livro foi escrito exatamente para você.

Pesquisas revelam que muita gente não leva uma vida ideal no que diz respeito ao trabalho e à carreira. Na verdade, parece que sete em cada dez pessoas no mundo ocidental não pulam da cama ansiosas para encarar o dia que têm pela frente.

Tente fazer a pergunta do parágrafo anterior na próxima vez que encontrar os amigos e teste você mesmo essa estatística. Você ficará surpreso.

Se você não está vivendo a vida dos seus sonhos, o que está fazendo? Provavelmente trabalhando muito por bem pouco, não é?

Com um terço de nossa vida gasta trabalhando e outro terço dormindo, resta pouco tempo para fazer as coisas que nos inspiram, que elevam nossa alma e nos engajam mental, física, emocional e espiritualmente. Isso me parece um terrível desperdício de vida.

Mas há esperança. Se as pesquisas estiverem corretas, quase um terço, 30%, *está* vivendo uma vida gratificante e fazendo um trabalho que adora — trabalho que faria por qualquer salário.

Ao realizar um trabalho lucrativo e com propósito, esses 30% estão dobrando a quantidade de tempo gasto com coisas que, para eles, têm um grande significado.

Não só estão realizando um trabalho que os faz sair felizes da cama logo cedo em vez de voltar para debaixo das cobertas ao apertar o botão da soneca, como também conseguem com isso cumprir seus compromissos financeiros.

Este livro mostrará como você também pode fazer isso.

Para ser considerado um sucesso, a vida moderna e a economia exigem constante crescimento. Em nosso mundo movido a dinheiro, se não estivermos crescendo, somos considerados fracassados. Com as pressões causadas por esse modelo econômico, temos que suar a camisa só para conseguir nos manter no lugar. Acabamos acorrentados ao dinheiro e fazendo escolhas de vida baseados sobretudo na economia e nas demandas de nossos chefes, clientes e obrigações financeiras.

Sendo o dinheiro tão fundamental em nosso universo, é inegável que ele se tornou nosso senhor, inclusive nosso deus, quer gostem de admitir isso ou não.

Podemos insistir e acreditar genuinamente que somos os "capitães de nosso destino e os senhores de nossa alma", mas muitas vezes são as coisas que negamos, evitamos ou amenizamos inconscientemente que estão no controle, não nós. O dinheiro exerce um domínio profundamente enraizado sobre todos.

No entanto, este não é um livro sobre como ganhar dinheiro ou uma bíblia da economia. Já existem muitos livros dispostos a ensinar sobre a geração de riqueza. Com eles, você pode aprender a cuidar das moedas que caíram atrás do sofá. Pode descobrir como vender seu décimo apartamento obtendo um lucro impressionante. Também pode aprender sobre estratégias de aposentadoria e de redução de custos, e usar suas economias para comprar um barco com dormitório para navegar rumo ao pôr do sol da melhor idade.

Este não é um desses livros porque, não importa qual abordagem financeira você siga, todas as estratégias sobre dinheiro são inerentemente falhas. Ao tentar fugir da pobreza e acumular riqueza, e por mais bem-sucedido que seja nisso, você ainda estará sujeito às regras e às leis do dinheiro.

Todos nós conhecemos o mantra que nossos pais e nossa sociedade nos passaram: ir à escola, estudar bastante, terminar a faculdade, arranjar um bom emprego, conseguir estabilidade, economizar, investir, sustentar uma família, ter uma boa aposentadoria e morrer, deixando todo o dinheiro para trás!

É um jogo que a maioria de nós aprendeu a jogar. Alguns ganharão, ao passo que outros perderão. Quando foi a última vez que você questionou a salubridade desse modo de vida padrão? Não seria hora de procurar algo diferente?

A missão deste livro é encontrar uma alternativa, um jogo novo com outros tipos de regras. Ele tentará jogar um jogo no qual vencer (no sentido moderno da palavra) não significa necessariamente ter sucesso e no qual, mesmo em um estado de "perda", você ainda ansiará pelo dia à sua frente.

Ao olhar para o céu em uma noite limpa e brilhante e maravilhar-se com as estrelas, os planetas e o universo, nossa mente não costuma refletir sobre dinheiro:

"Nossa, quem será que paga por todas essas estrelas?"

"Já pensou transformar os planetas em uma franquia?"

"Quem são os acionistas majoritários do universo?"

No entanto, embora entendamos que na teoria dinheiro não seja o centro do espaço sideral, não podemos escapar do fato de que na maioria das vezes ele está no centro do nosso.

Instintivamente, suspeitamos que a vida seja mais do que trabalho, contas e prazos. A humanidade questiona o significado da existência desde o início dos tempos. Na verdade, instituições como religião, filosofia e ciência evoluíram (para melhor ou para pior) a partir de uma tentativa de dar sentido ao mundo e revelar o sentido máximo da vida. Até mesmo os ateus mais pessimistas entre nós, aqueles que acreditam que vivemos uma vida mecânica e sem espírito até morrermos, em um momento ou outro também olham para as estrelas e ponderam sobre sua origem. Afinal, até mesmo um universo mecânico deve ter uma origem.

Cientistas, filósofos e líderes religiosos possuem mais em comum do que gostariam de admitir: trata-se da compreensão que eles têm da vida. Mas foi a religião que recebeu o peso das críticas nos últimos tempos.

A estatura da religião organizada mudou ao longo dos séculos. Como consequência das fragilidades inerentes à religião e do escrutínio microscópico da ciência, muitas pessoas estão adotando crenças mais "espiritualizadas" do que religiosas. Como pensadores críticos, estamos deixando o intermediário divino de molho para formar nossas opiniões próprias e exclusivas sobre o sentido da vida.

Mas não estamos jogando o bebê fora junto com a água-benta ao nos voltarmos para religiões alternativas e as autonomeadas buscas de conhecimento existencial. Nossos precursores religiosos fizeram muito para pavimentar o caminho que seguimos hoje. Estamos somente atualizando e confiando, por fim, em nossa própria voz para descrever "Deus" — assim como um dia os taoístas escolheram sua simbologia yin-yang, e os budistas de Nichiren, seu canto do Sutra do Lótus, para explicar Deus. Somos livres para explicar a fonte inexplicável de todas as coisas da maneira que escolhermos.

Não tema! Assim como este não é um livro sobre como enriquecer depressa, também não é um livro da Nova Era nem religioso. Não é um livro que exigirá que você fique na frente de um espelho entoando um mantra, fazendo afirmações ou visualizações.

O que este livro fará, porém, será pedir que você abra sua mente para ideias e ensinamentos que talvez sejam desconhecidos. Por mais incomuns que essas ideias possam ser para o seu modo atual de pensar, é justamente o fato de serem diferentes que as torna valiosas para você. Afinal, se o seu estilo de vida estivesse dando certo, você não estaria lendo este livro. Todas essas ideias, por mais incomuns que sejam, foram experimentadas e testadas no ambiente da vida moderna por mim e pelos outros 30%. Isso eu garanto.

Portanto, nossa tarefa aqui é unir os dois extremos perfeitamente representados pelo símbolo chinês milenar yin-yang. Em um extremo está o lado mais leve do *yin*, caracterizado pela sabedoria, imaginação, tranquilidade, relaxamento, satisfação, persistência e introversão. Essa é a imagem do "artista faminto", que está criativamente realizado e em contato com o verdadeiro sentido de sua vida, mas profundamente carente do mundo material onde deve exercer seu trabalho. Ele pode até estar feliz, mas está na miséria.

No outro extremo, está o lado mais escuro do *yang*, caracterizado por ação, ambição, bravura, extroversão, entusiasmo, aventura e bravata. A imagem do "banqueiro implacável" reina suprema aqui. Esse eficiente "gladiador" da arena dos negócios dominou o mundo material e acumulou riqueza e sucesso financeiro com os quais o artista faminto só poderia sonhar, mas a que preço? Bondade, compaixão, saúde, tempo para a família e uma vida com sentido e profunda realização?

Poderiam esses dois extremos se unir em um caminho do meio? Deveria um ser sacrificado em nome do outro? É possível se livrar das amarras financeiras e buscar uma vida com um propósito mais elevado? Podemos viver nossos verdadeiros chamados e nossas paixões mais profundas e ainda ter sucesso em um mundo materialista moderno? Para responder a essas perguntas, precisaremos de ajuda.

Existe uma religião antiga, posicionada na encruzilhada entre ciência, filosofia e espiritualidade moderna, que ainda é tão relevante hoje quanto era há dois mil anos nas terras do Extremo Oriente onde surgiu: o budismo.

O budismo e alguns dos seus princípios aparecem em boa parte deste livro — embora este não seja um livro sobre o budismo. Não afirmo ter uma compreensão academicamente profunda desse sistema milenar, mas posso oferecer lições e experiências duramente aprendidas em mais de 25 anos como budista leigo.

O momento decisivo para mim ocorreu há mais de dez anos. Eu estava no jardim de Ryōzen-ji, um templo budista na ilha japonesa de Shikoku, observando os flashes laranja e brancos nas escamas das carpas *koi* que nadavam em um lago.

Ryōzen-ji é o ponto inicial e final da Peregrinação aos 88 Templos (chamada de *Hachi-ju-hachi* pelos japoneses). Essa é a icônica trilha sagrada do Japão, como é o Caminho de Santiago de Compostela, na Espanha. Eu havia acabado de completar 1.400 quilômetros em trinta dias a pé e visitado os 88 templos budistas necessários para concluir a peregrinação.

Essa experiência que mudou minha vida acabou se tornando o tema do meu primeiro livro, *The Hardest Path*. Uma peregrinação tortuosa como a dos 88 Templos simula, no microcosmo, todas as experiências, emoções, pensamentos e ações subsequentes possíveis que um ser humano pode ter no macrocosmo de uma vida.

A vantagem de ver todos os seus pensamentos e emoções expostos ao caminhar centenas de quilômetros é que você não pode mais evitar quem é, o que está pensando e como reage às experiências cotidianas. Não há distração para esconder suas fragilidades ou negar seus pontos fortes. Durante a peregrinação, você vive sua vida em "alta resolução", não porque entrou em algum estranho domínio espiritual, mas porque, sem nada para fazer além de caminhar, descansar e comer, não há nada obscurecendo sua visão. Sua mente, corpo e alma estão debaixo dos holofotes e você enfim pode notar como eles se comportam. Afinal, o que mais tem para fazer em uma caminhada de 1.400 quilômetros ao redor de uma ilha?

É nesse terreno aberto (geográfica, física, mental e emocionalmente) que as lições são aprendidas. Embora possam variar de um peregrino para outro, dependendo do que cada um de nós precise aprender, algum grau de percepção pessoal ocorrerá. Eu aprendi nove lições, que se tornaram a espinha dorsal deste livro. Enquanto eu olhava para o lago de peixes de Ryōzen-ji, depois de ter sido definitivamente transformado pela jornada, percebi que o que eu havia aprendido na Peregrinação aos 88 Templos não significaria nada se não pudesse levar aquilo para casa. Se essas nove lições não pudessem ser trazidas comigo, traduzidas para uma linguagem acessível, usadas em meio a todo o barulho e caos da vida diária e partilhadas com outras pessoas, seriam desperdiçadas.

Meu desejo de trazer essas lições para casa era altruísta, mas também egoísta. Eu realmente queria partilhar essas lições transformadoras para o benefício de outros, como os homens santos me disseram para fazer, mas também queria dissipar uma dúvida persistente.

Essas grandes percepções continuariam sendo verdadeiras depois que eu deixasse a santidade da trilha sagrada? Os budistas chamam isso de "descer a montanha". De que serve o insight, espiritual ou não, se não pode ajudar você e os outros em uma realidade mundana?

Falei há pouco dos jogos e regras que não seguiremos: as táticas de economias devastadoras e as doutrinas incompletas da religião, filosofia ou ciência. Também não nos entregaremos a modismos não corroborados da Nova Era na busca afobada por um contexto "espiritualizado" para nossa vida.

Em vez disso, proponho iniciarmos um jogo no campo da vida, que nos permita aprender diretamente com nossas experiências, erros e triunfos. Procuraremos encontrar o caminho entre a prosperidade e o sentido, e descobrir que essas duas coisas não são necessariamente opostas.

Passei a me referir àqueles que conseguem andar na corda bamba entre o sentido e o dinheiro como "milionários budistas". Direi simplesmente: não é preciso ser budista para viver uma vida significativa e voltada para um propósito, nem ser um milionário para que o vejam como um sucesso nos negócios ou no local de trabalho. Escolher um termo para se descrever após descobrir que é realmente possível viver uma vida plena em um mundo material, muitas vezes em conflito com um propósito maior, cabe somente a você.

Certamente este será um jogo divertido, e nunca pedirei que você acredite em algo que não possa ser provado ou demonstrado. Este é um livro sobre fazer, não sobre acreditar ou seguir cegamente.

A Parte I do livro abordará as crenças mais comuns sobre dinheiro que moldam nosso mundo e nossa vida. Vamos analisar a dor e a dificuldade que a atitude do "dinheiro em primeiro lugar" nos causa e também pedir conselhos de colegas, instrutores e conselheiros que encontraremos no caminho.

Enfrentando nossos paradigmas mentais, podemos começar questionando sua validade e investigando se nossas suposições sobre dinheiro e trabalho estão realmente corretas. Se a vida é mais do que dinheiro, então o que é?

Na Parte II, investigaremos a necessidade dos seres humanos de viver uma vida significativa, em vez de existir apenas em função da busca e acumulação de riqueza.

Veremos as limitações das ideias tradicionais sobre o que confere sentido a uma vida e ofereceremos exercícios para descobrir sua vocação de vida, pessoal e única, dando-lhe confiança não apenas para defini-la, mas também para almejá-la.

Na Parte III, o coração do livro, colocaremos você no caminho do milionário budista. Mostraremos como viver uma vida significativa e como transformá-la em uma carreira de sucesso e financeiramente compensadora seguindo nove importantes lições. Essa parte apresentará histórias reais e conselhos de pessoas que estão trilhando, com sucesso, o caminho do milionário budista, de chefs premiados, atletas e artistas a banqueiros e gente que faz trabalho caritativo.

Minha maior esperança para este livro é que ele motive, inspire e guie para uma vida na qual você viva sua paixão e a faça valer a pena. Quero ajudá-lo a criar uma vida nova, na qual, no futuro, quando alguém lhe perguntar: "Se você tivesse um milhão em dinheiro, estaria vivendo sua vida atual?", sua resposta só possa ser: "Sem sombra de dúvida!"

Parte I

O caminho do dinheiro

O "lugar nenhum por todo lado"

"Os assuntos mais difíceis podem ser explicados ao homem de intelecto mais lento, se ele ainda não houver formado nenhuma opinião sobre eles; mas a coisa mais simples não pode ser elucidada ao homem mais inteligente se ele estiver firmemente convencido de que já sabe, sem sombra de dúvida, o que está à sua frente."

Lev Tolstói

"Esvazie seu copo para poder enchê-lo."

Bruce Lee

Atribuem a Albert Einstein, Mark Twain, Benjamin Franklin e Alcoólicos Anônimos o seguinte ditado: "A definição de insanidade é fazer a mesma coisa insistentemente esperando um resultado diferente". Embora tecnicamente falso — a definição de insanidade não é essa e provavelmente não foi descrita por nenhum deles —, o ditado faz sentido. Se estamos continuamente lutando, infelizes, e cometendo os mesmos erros, precisamos mudar a rota e encontrar um caminho melhor.

Somos todos criaturas de hábitos, confinadas em nossas vidas por crenças incontestáveis, hábitos diários e escolhas que se autoperpetuam e fortalecem o ciclo. Embora a repetição e a prática possam de fato levar à competência e inclusive ao domínio de uma determinada tarefa, sem o devido cuidado esse domínio pode trabalhar contra nós.

Existe uma antiga lenda do povo Cherokee conhecida como "Os dois lobos", que narra uma conversa entre um ancião da nação indígena e um garoto. Muito parecidos com os polos extremos descritos na simbologia yin-yang, os lobos da história representam valores conflitantes. Os lobos, diz o mais velho ao garoto, vivem dentro de todos nós, eternamente em batalha. Um lobo é mau, zangado, invejoso, triste, ganancioso, arrogante, ressentido, cheio de ego e orgulhoso; o outro é alegre, pacífico, amoroso, gentil, sereno, benevolente, empático, verdadeiro, generoso e fiel. Inevitavelmente, o garoto pergunta qual lobo vai ganhar essa luta. E o sábio responde: "Aquele que você alimenta."

Os hábitos não são ruins, de forma alguma. Sem eles, não seríamos capazes de percorrer com eficiência as paisagens de nossa vida. Um hábito inculcado em nossa neurologia libera energia e recursos para que nosso cérebro explore novas perspectivas. Imagine, por exemplo, dirigir com a aptidão de um iniciante: todo travado, inseguro e atrapalhado. Sem o poder do hábito e as habilidades profundamente consolidadas nos circuitos de nosso cérebro pela prática, um motorista experiente seria incapaz de coordenar a direção enquanto aprecia a vista e conversa com um passageiro. Sem o hábito, o motorista permaneceria ineficaz como um iniciante por toda a eternidade — ou onde quer que esteja dirigindo!

Os hábitos se autoperpetuam e moldam nossa tomada de decisão; sabemos o que sabemos, portanto fazemos o que fazemos. Por exemplo: se herdei a crença de que o dinheiro é a "causa de todo o mal" — um pensamento do lobo sombrio —, minha relação com o dinheiro e minhas escolhas, hábitos e vida subsequentes serão acentuadamente diferentes dos de alguém que acredita que "pessoas boas fazem coisas boas com dinheiro" — pensamento de um lobo iluminado.

Se promovermos hábitos saudáveis e positivos, eles se refletirão em nossa vida. Entretanto, se repetirmos as coisas que nos causam dor, então nos tornaremos mestres de nosso próprio final infeliz. Para evitar isso, como sugere Bruce Lee, é importante estar aberto a novos caminhos, que podem levar a novas crenças, pensamentos, escolhas, hábitos e realidades.

Nesta primeira parte do livro, tentarei abrir seus olhos para a ideia de que o dinheiro é meramente uma construção teórica; uma ilusão, se preferir. Mostrarei que o conceito de dinheiro é sobretudo perpetuado por crenças herdadas da família e da sociedade, que se transformaram em hábitos e rotinas rígidos e inquestionáveis. Revelarei algumas verdades secretas, desfarei "mitos sobre dinheiro" incontestáveis e oferecerei novos conceitos sobre trabalho, vida e sentido, em uma tentativa de lhe mostrar que o dinheiro pode não ser tão escravizador quanto você imaginava. No entanto, a fim de nos motivarmos a mudar essas crenças e hábitos arraigados, primeiro precisamos entender os danos que nossa relação atual com o dinheiro — a atitude de "dinheiro em primeiro lugar" — está causando em nós.

Talvez você note o sinal revelador enquanto estiver deitado na cama olhando o teto, ou em um momento de silêncio no horário de almoço, ou depois do trabalho, relaxando no chuveiro depois de um longo dia. Qualquer um pode sentir isso a qualquer momento, quando ocorre uma pausa entre os pensamentos frenéticos. É o "lugar nenhum por todo lado".

Lugar nenhum por todo lado é o nome que dou à tensão de fundo zumbindo em nossa vida, quase impossível de identificar. É como uma dor de cabeça ou dor de dente incômoda e à espreita, que parece existir em todos os lugares e também em lugar nenhum. Os budistas chamam isso de "sofrimento" ou "insatisfação", e dizem que é a causa de todos os nossos problemas.

Anos atrás, percebi isso em mim mesmo. Eu havia acabado de deixar meus dois filhos pequenos na escola e estava voltando para casa pensando nas contas e nas muitas coisas que tinha que fazer para pagá-las. Enquanto pensava no dia à minha frente, percebi que meus ombros estavam tensos, minha mandíbula meio apertada e meu humor vagamente sombrio.

O que eu realmente queria fazer depois de deixar meus filhos na escola era ficar uma hora sentado só escrevendo um capítulo do livro que estava tentando terminar há uma eternidade. Mas o que eu tinha que fazer era correr para casa e cuidar dos afazeres antes de sair para o trabalho — dar aula de tênis pelo resto da tarde.

No dia seguinte, reconheci o lugar nenhum por todo lado no rosto do meu amigo Simon. Estávamos nos trocando para uma aula matinal de artes marciais e ele não parecia o mesmo de sempre. Sua expressão era tensa, preocupada, e seus olhos estavam cansados e com olheiras. Segurando a cabeça com as mãos, ele admitiu que estava chegando ao fim da linha. Não suportava seus longos dias de trabalho. Ele se sentia culpado por estar assim, já que recentemente havia conseguido o emprego dos seus sonhos. Uma grande corporação o havia abordado e oferecido um cargo muito promissor. Mas a sensação de novidade já estava desaparecendo.

Simon não esperava que as horas a mais de trabalho que acompanharam sua ascensão fossem tão sufocantes. Enquanto comemorava a oferta que havia recebido e a garantia de mais um degrau acima na carreira, ele dizia a si mesmo que tudo ficaria bem e que se adaptaria aos novos desafios. Além do mais, ele deveria estar feliz com a prosperidade e as perspectivas recém-descobertas, não é?

Mas ele não andava bem. Não estava dando conta e se sentia culpado por reclamar.

Sheba trabalha em nosso pequeno supermercado local. Ela se formou recentemente em química. Tem um sorriso caloroso, gosta de conversar com os clientes e estava animada contando a mim e à minha esposa sobre seu mais recente sucesso acadêmico, enquanto reabastecia prateleiras e nós fazíamos nossas compras.

Naturalmente, surgiu a pergunta sobre o que ela queria fazer agora que estava formada. Foi então que notei o lugar nenhum por todo lado nela. Foi uma coisa triste de ver em alguém não muito mais velho que minha própria filha.

O sorriso de Sheba quase desapareceu quando ela admitiu que não sabia o que queria fazer e que teria que continuar abastecendo prateleiras até descobrir; seus pais insistiam nisso. Quando perguntei o que ela gostaria de fazer se não precisasse do dinheiro, ela disse que só queria cantar.

Muita gente se identifica com essa tensão sutil e onipresente. As causas são muitas, mas quase sempre envolvem trabalho, dinheiro, responsabilidade e sonhos não realizados. Mesmo assim seguimos em frente, ignorando ou negando o problema ou simplesmente ficando ocupados demais para notá-lo.

O lugar nenhum por todo lado é sutil e traiçoeiro. Com o tempo, a pressão interna que ele provoca se espalha e afeta a saúde, os relacionamentos e a qualidade de vida. No Reino Unido, cerca de 107 mil casais se divorciaram em 2016 — um aumento de 5,8% em relação ao ano anterior.[1] Historicamente, de acordo com o Office for National Statistics, muitos pedidos de divórcio chegam na primeira segunda-feira depois do Ano-Novo (chamado de "Dia do Divórcio" pelos advogados), em geral por conta de preocupações com dinheiro.

O Natal, que deveria ser uma época feliz, também pode gerar uma grande tensão, e os relacionamentos que já estão mal das pernas tendem a se desfazer com a pressão e as despesas adicionais que a data acarreta.

Mas o casamento não é a única vítima do estresse financeiro. A saúde também é.

Emma, mãe de três filhos, admite que, após o divórcio, não demorou muito para que o enorme estresse financeiro afetasse sua saúde e seu bem-estar.

"Desde o divórcio, passei a ter insônia", diz ela. "Fico muito preocupada pensando em como vou manter um teto para os meus filhos. Os antidepressivos que o médico prescreveu me fizeram engordar muito, o que me provoca dor nas costas e nos joelhos; até meu cabelo está caindo. Nunca me sinto bem e estou cada vez mais relutante de sair de casa."

A tragédia da história de Emma é que ela não é única — longe disso.

Dr. Zoltán Sarnyai, diretor do Laboratório de Neurociência Psiquiátrica da Universidade James Cook, na Austrália, explica que o estresse, seja causado por dinheiro ou por outros fatores, afeta nossa saúde, pois libera uma torrente de substâncias químicas poderosas, como adrenalina e cortisol, que aumentam nossa frequência cardíaca e suprimem nosso sistema imunológico.

Tendo evoluído durante milhões de anos, essas são substâncias químicas benéficas quando em pequenas doses, pois dão combustível a um corpo que pode precisar fugir ou enfrentar um perigo iminente. Mas a longo prazo tornam-se contraproducentes.

"Essas substâncias químicas são muito potentes e precisam ser suspensas assim que a ameaça [de perigo iminente] desaparece; caso contrário, causam danos ao corpo e ao cérebro", explica Sarnyai.

O que Sarnyai descreve é a biologia por trás da sensação de lugar nenhum por todo lado e como isso nos prejudica. Uma grande quantidade do tipo errado de estresse nos torna vulneráveis a infecções, aumento de peso e depressão, bem como a doenças crônicas como diabetes tipo 2 e câncer. Se não mudarmos a maneira como vivemos, aumentaremos consideravelmente o risco de contrair uma dessas doenças.

Além de problemas de saúde, insatisfação e divórcio, as preocupações com dinheiro podem ter um custo ainda maior.

Em 6 de janeiro de 2014, apenas dois anos depois de se tornar avó, a mãe de Ashley Eneriz decidiu jogar o próprio carro de um penhasco de 120 metros de altura. Essa não foi sua primeira tentativa de suicídio, explicou Ashley, e houve vários fatores que contribuíram para essa decisão externa. Mas o predominante foi o dinheiro. A mãe de Ashley estava presa em uma espiral viciosa de dívidas. E via apenas uma saída.

Segundo o *British Journal of Psychiatry*, houve mais de 10 mil "suicídios por dinheiro" no auge da recessão financeira britânica entre 2008 e 2010.[2] Essas descobertas angustiantes são reforçadas por um artigo do *American Journal of Preventive Medicine*, que relatou que, durante os últimos quinze anos, o estresse financeiro levou a um aumento nas taxas de suicídio de pessoas entre os 40 e 64 anos.[3]

Bob, um amigo de longa data da família, sempre foi a vida e a alma de uma festa. Não que ele fosse barulhento e escandaloso, muito pelo contrário. Suas maneiras gentis e calorosas e seu sorriso genuíno eram como uma folga do ruído geral. Ele era como o Buda da festa.

Foi uma grande surpresa saber por sua esposa atônita que Bob estava afundando na espiral do dinheiro.

Bob tinha um bom cargo em uma empresa de TI fora de Londres. Após o nascimento de seu segundo filho, uma menina, ele decidiu tirar um "período sabático" para curtir a bebê e reavaliar a vida. O nascimento de uma criança, principalmente se você assistir ao parto, muitas vezes pode desencadear uma reorientação desse tipo.

Conforme a bebê Sophie crescia, a vida na casa da família voltava ao normal, e a esposa de Bob naturalmente começou a perguntar se ele voltaria ao trabalho. Era hora de pagar as contas.

Revigorado após o descanso e o nascimento da filha, Bob se vestiu para ir trabalhar, pegou sua pasta e voltou ao escritório. Ou assim pensou sua esposa.

Seis meses depois, a esposa de Bob confessava aos prantos no telefone: "Ele não ia trabalhar. Ele se despedia de nós, saía de casa, voltava, contava sobre o dia dele e perguntava do nosso. Eu não desconfiei de nada, até que abri algumas cartas cobrando atrasos de pagamento do banco e de empresas de serviços públicos. Aí comecei a sentir que havia alguma coisa errada. Bob estava abatido, sempre cansado e mal-humorado com as crianças. Foi quando senti o cheiro de álcool que soube que algo mais sério estava acontecendo."

Bob não voltara ao trabalho naquele primeiro dia. Ele havia curtido seu tempo livre com a família, e isso devolvera sentido e contexto à sua vida.

Bob não é um homem religioso, embora tenha sido criado como católico; mas se considera um homem espiritualizado, visto que sempre meditou sobre as grandes questões da vida: por que estamos aqui? Para onde vamos? O que devemos fazer da vida enquanto isso?

Quando chegou a hora de voltar ao trabalho, ele não conseguiu. "Foi como se eu tivesse visto por trás da cortina", disse Bob. "O nascimento de Sophie me fez ver, ainda mais que com Enzo [seu primeiro filho], que a vida é muito mais que trabalhar e pagar contas — a vida que supostamente deveríamos levar. Eu não queria mais fazer aquilo."

No entanto, em vez de conversar com a esposa sobre o que sentia, Bob preferiu fingir que estava trabalhando até descobrir uma forma de cumprir suas obrigações financeiras e viver uma vida que amava. Hoje ele percebe o seu erro. À medida que a ilusão continuava, as contas e dívidas não pagas se acumulavam, e Bob me contou que, chegou a pensar até suicídio. Mas ele passou a beber para entorpecer a dor, em vez de acabar com tudo de uma vez.

Felizmente, a família de Bob lhe deu amor, apoio e dinheiro para que ele saísse dessa situação. Mesmo assim, Bob ainda teve que decidir seguir a corda, e ele acredita que algo mais na vida o fez estender a mão, no fim das contas.

Infelizmente, nenhuma dessas histórias é assim tão incomum. No fundo, sabemos que trabalhar para pagar as contas destrói não só nossa motivação, mas também nosso corpo, mente e alma. Mas o que devemos fazer? As dívidas ainda precisam ser pagas. Temos que lidar com o dinheiro, gostando ou não dele. Temos que sacrificar nossos ideais para sobreviver na vida e no mundo atual.

Temos mesmo?

É fácil fazer suposições sobre o mundo. Trabalhar duro por dinheiro é uma delas. Mas o que vemos diante de nossos olhos, as "verdades" pelas quais vivemos todos os dias, nem sempre são o que parecem.

Seis pessoas, três de camiseta preta e três de camiseta branca, formam um pequeno grupo e ficam passando duas bolas de basquete entre si. A instrução para os espectadores do vídeo é contar o número de vezes que os jogadores de branco passam a bola de basquete. "A resposta correta é quinze", diz o narrador, "mas você reparou no gorila?!"

Se você nunca viu esse infame teste de "atenção seletiva" feito por dois estudantes de Harvard, Christopher Chabris e Daniel Simons, tente procurar e assistir agora. (Devo admitir que estou prestes a estragar o final revelando os resultados logo abaixo; então, a vocês dois, Christopher e Daniel, mil desculpas.*)

A maioria das pessoas se surpreende, como eu: "Que gorila?" E eis que, quando o vídeo é reproduzido, dessa vez em câmera lenta, uma pessoa vestida de gorila realmente vai direto até o meio do grupo de jogadores, bate no peito e sai de cena.

A conclusão do experimento é que, quando estamos focados em algo (neste caso, contando as passagens de bola entre os jogadores de camiseta branca), costumamos ficar cegos para outras coisas, mesmo que sejam absurdamente óbvias.

E é assim que vivemos nossa vida diária. Por tanto tempo nos concentramos nos mantras transmitidos a nós por nossos pais e pela sociedade — estudar bastante, arranjar um bom emprego, economizar e sustentar uma família —, que nos tornamos cegos para outras maneiras de ser.

O budismo se refere às crenças que levam à dor e ao sofrimento simplesmente como "ignorância". A maioria de nós aceita prontamente que se comprometer com um emprego que nos provoca emoções conflitantes, só para ganhar dinheiro, não é lá muito sábio. Na melhor das hipóteses, causa tédio e insatisfação, e na pior, depressão e ansiedade, que podem levar ao divórcio, problemas de saúde e até suicídio. Mas, o que devemos fazer? Como podemos passar da "ignorância"

---

* Para compensar, gostaria de recomendar aos leitores outro experimento igualmente interessante de Chabris e Simons, "The monkey business illusion". Prometo não contar o final desse.

a um ponto de vista mais "iluminado"? Fazemos isso identificando "o gorila no meio de nós" e, então, desafiando-o.

Como mencionei na introdução, muitas das ferramentas que usaremos para criar uma vida aprimorada por um trabalho tanto lucrativo quanto significativo derivam de minhas experiências com o budismo. Não são ferramentas exclusivamente budistas, só metodologias razoáveis e de bom senso que os budistas também usam. Uma delas é o debate.

Em seus primórdios, há mais de dois mil anos, o budismo teve que se envolver em um debate a fim de se defender e se explicar sua posição diante das inúmeras religiões que havia na Índia naquela época. O debate era tão valorizado que, se uma pessoa não pudesse defender sua posição e perdesse o debate, era compelida a se converter à opinião de seu oponente.

Essa atitude de "questionar tudo" é até hoje uma das forças mais marcantes do budismo até hoje e algo que todos nós podemos usar a nosso favor. Significa que não temos que seguir cegamente doutrinas de religião, ciência, filosofia ou modismos da Nova Era — nenhum dos quais tem o monopólio da "verdade suprema". O que podemos é formar nossa própria visão da vida com base em nossas descobertas únicas.

Com isso em mente, o objetivo deste primeiro capítulo foi ajudá-lo a ver que sua atitude de "dinheiro em primeiro lugar" está lhe causando dor. Eu lhe mostrei que há um gorila na sala e que você não é o único a não o reconhecer. Minha próxima tarefa é identificar as raízes do sistema de crenças que causa dor, para que possamos questionar sua validade.

Tendo se libertado da crença do "dinheiro em primeiro lugar", você estará mais motivado e mais aberto a novas formas de ser; caminhos que podem levá-lo a uma vida profissional pela qual você é apaixonado e que ainda paga as suas contas.

Vamos passar para o próximo capítulo para descobrir como surgiu o conceito de dinheiro.

Dinheiro faz o mundo girar

O paradigma do "dinheiro em primeiro lugar"

Como o dinheiro e todas as preocupações que o acompanham se tornaram tão cruciais em nossa vida? Foi sempre assim? É essa a única relação que podemos ter com ele?

Alguns paradigmas estão tão bem estabelecidos na sociedade que se tornam "fatos" amplamente aceitos, quando na verdade são pouco mais do que crenças não questionadas. O paradigma "o dinheiro faz o mundo girar" é um exemplo disso.

Ele nos leva a priorizar o acúmulo de dinheiro para que possamos realizar nossos sonhos e desejos. Sem dinheiro, acreditamos que nossos objetivos nunca sairão do papel, perdidos em nossa cabeça como pensamentos, pouco mais que esperanças. É por isso que tantas pessoas se mantêm em empregos de que não gostam. Nosso futuro está à mercê de nossas contas bancárias.

Em qualquer relacionamento tóxico, ambas as partes são responsáveis por seu papel e comportamento; a aceitação dessa verdade nos prepara para enfrentar o problema. Ao aceitar nossa parte no relacionamento disfuncional entre nós e a indústria do dinheiro, somos fortalecidos pela realidade de que somos livres para investigar e escolher outras formas de pensar. Podemos nos afastar da tirania, mesmo que seja um desafio difícil.

Os primórdios

Desde que surgiu como uma ideia, há cerca de 11 mil anos, o dinheiro se transformou, sem contestação, em uma "coisa" tão real quanto uma mesa ou uma cadeira. Mas nem sempre foi assim. Então, o que aconteceu antes do conceito de dinheiro?

Nossos primeiros ancestrais caçadores-coletores não apenas sobreviviam sem dinheiro, como também se viraram bem o suficiente para evoluir até chegarem aos humanos modernos que somos hoje. Os primeiros humanos desenvolveram um conjunto variado de habilidades e talentos para atender às suas necessidades pessoais e às de sua comunidade. Foi a natureza — com todas as pressões inerentes sobre os humanos para sobreviverem a ela —, e não as demandas de um mercado comercial, que determinou o que as pessoas precisavam fazer para viver um novo dia. "Moedas invisíveis", como reciprocidade e partilha de habilidades, eram usadas não para lucro futuro, mas para a sobrevivência imediata do indivíduo e da comunidade.

Sobrevivência e segurança estão na base de um modelo teórico denominado "hierarquia das necessidades", proposto por Abraham Maslow, um dos psicólogos mais influentes do século XX. Maslow escreveu sobre seu modelo em 1943, em um artigo acadêmico intitulado "A Theory of Human Motivation" ["Uma teoria da motivação humana"].

Essa teoria fala sobre cinco camadas de necessidades, descritas como níveis que vão subindo, formando uma pirâmide. Na base da pirâmide estão as necessidades fisiológicas, como ar para respirar, água, comida, sono, roupas e abrigo. Mais acima estão as necessidades de segurança: preceitos morais e saúde da família, proteção do corpo, propriedade e recursos; seguidos por necessidades emocionais e sociais: amor e sentimento de pertencimento, amizade, família e intimidade sexual. Depois vêm as necessidades do eu: autoestima, confiança, realização, respeito pelos outros e dos outros; e, por fim, autorrealização: integridade, criatividade, espontaneidade, resolução de problemas e ausência de preconceito.

Nossos primeiros ancestrais escalaram com sucesso o modelo de "hierarquia das necessidades" sem depender do dinheiro. E à medida que desenvolviam suas habilidades de sobrevivência, as comunidades cresceram, e mais pessoas precisaram atender ao modelo hierárquico de Maslow. E à medida que a demanda por comida, abrigo, segurança e confiança aumentou, os provedores de habilidades se tornaram especialistas.

Mas a natureza e toda a sua imprevisibilidade sempre estiveram no comando da vida. A qualquer momento, o sutil equilíbrio necessário para continuar vivo poderia ser perturbado por uma mudança no clima, uma praga de insetos ou uma epidemia. Uma seca causaria um aumento na demanda por "adivinhos" localizadores de água na comunidade, deixando os produtores de roupas de inverno subtamente ociosos.

Da permuta ao dinheiro

Mudanças na oferta, seja por excesso ou escassez, modificam a procura. E as crescentes complexidades ocasionadas pelo aumento das populações instigaram o desejo de outros sistemas de comércio. Assim nasceu o conceito de permuta.

A permuta só funciona se aqueles que fazem a troca precisam de algo que os outros têm a oferecer, e, por sua vez, têm o que os outros exigem. Se, por exemplo, um jardineiro precisa de calçados de jardinagem novos e o sapateiro precisa que aparem sua cerca viva, ambos ficarão felizes. No entanto, se o sapateiro não tem jardim e prefere um pote de unguento de ervas para as suas mãos calejadas, o acordo de permuta fica mais complicado: o jardineiro e o sapateiro terão que procurar um herborista que precise de suas habilidades. A solução para essas complexidades é o dinheiro.

Façamos um rápido passeio pela história cronológica do dinheiro para entender melhor como chegamos à mentalidade do "dinheiro em primeiro lugar".

- Os primeiros registros mostram que no Egito, por volta de 9000 a.C., os primeiros humanos trocavam os bens de que precisavam pelos produtos que tinham em excesso. Bens não perecíveis, como grãos e gado, eram mercadorias adequadas de permuta.
- Por volta de 1100 a.C., na China, o bronze era usado para fazer esculturas em miniatura oferecidas como uma moeda alternativa de troca — era mais fácil carregar pequenas esculturas de bronze no bolso do que andar por

aí com vacas ou sacos de grãos. Por volta da mesma época, 1200 a.C., essas esculturas passaram por um refinamento e se transformaram em moedas redondas. Em algumas regiões costeiras do oceano Índico, as comunidades usavam os búzios locais como outra forma de moeda.
- Em 600 a.C., o rei Alíates da Lídia (atual Turquia) cunhou a primeira moeda oficial, padronizando a cunhagem e facilitando o comércio exterior.
- Em 1250 d.C., os florentinos, que não queriam ser superados pelos lídios, cunharam sua própria moeda de ouro, que ganhou aceitação em toda a Europa.
- Com a evolução do comércio, começou a busca por uma solução para o problema do transporte de moeda internacional, já que carregar grandes baús de prata e ouro era trabalhoso e caro. A Suécia encontrou a resposta no papel-moeda em 1661, embora ele tenha demorado algum tempo para se popularizar — é difícil abandonar velhos hábitos, e os piratas ainda preferiam seus baús de pilhagem.
- Em 1860, a empresa norte-americana Western Union estabeleceu-se como líder de mercado em todas as questões de dinheiro, e foi pioneira no uso do e-money com a ideia inovadora de transferi-lo eletronicamente via telegrama.
- Em 1946, o mundo do dinheiro tornou a evoluir quando um empresário norte-americano, John Biggins, inventou o cartão de crédito com o lançamento do seu "Charg-it".
- Em 1999, os bancos europeus buscaram acompanhar esse progresso oferecendo serviços bancários por smart-

phone, e uma moeda única para o bloco econômico, o euro, entrou em circulação em 2002.
- Em 2008, os pagamentos por aproximação foram introduzidos no Reino Unido.
- A partir de 2014, surgiram novas formas de moeda, algumas bem-sucedidas e promissoras, outras apenas modismos ou equívocos: criptomoedas como o bitcoin; sistemas de troca modernos como Bartercard; versões evoluídas de serviços bancários por aproximação, como Apple Pay e uso de pulseiras.

Em seu livro *Sapiens: Uma breve história da humanidade*, o professor, autor e historiador Yuval Noah Harari escreve: "O dinheiro foi criado inúmeras vezes em inúmeros lugares. Seu desenvolvimento não exigiu avanços tecnológicos, foi uma revolução puramente mental. Envolveu a criação de uma nova realidade intersubjetiva, que só existe na imaginação compartilhada das pessoas."[4]

Analise a fala de Harari com atenção. O dinheiro é uma construção mental, um ato de imaginação, uma ferramenta consensual de faz de conta, inventada para resolver os problemas iminentes dos seus primeiros usuários. Não é uma lei ou verdade universal. Não é, como imaginamos, tão real quanto parece.

O dinheiro é um conceito fascinante. Nenhum outro desdobramento na história, além da religião, teve uma força tão escravizadora e controladora sobre os humanos. No entanto, o dinheiro em si não tem valor material; é apenas uma invenção destinada a representar o que é abstrato e invisível como algo palpável e concreto.

Este fragmento da sabedoria dos povos originários dos Estados Unidos diz muito sobre a ilusão do dinheiro: "Quando a última árvore for cortada, o último peixe for capturado e o último rio for contaminado; quando respirar o ar for nauseante, você perceberá, tarde demais, que a riqueza não está em contas bancárias e que você não pode comer dinheiro."

A prestidigitação envolvida na invenção do dinheiro para fazer algo parecer real quando não é só poderia ocorrer graças a uma cooperação voluntária entre as partes envolvidas, e só persiste até hoje devido à nossa ignorância dos grilhões que o dinheiro coloca em nossos tornozelos. Apesar de não ter valor inato, a cada dia o dinheiro consegue transformar "terra em lealdade, justiça em saúde e violência em conhecimento. Tendo o dinheiro como intermediário, duas pessoas quaisquer podem cooperar em qualquer projeto", diz Harari. O dinheiro funciona porque nos dispomos a concordar com o valor de um símbolo adotado (moedas, lingotes de prata, cigarros ou qualquer outro), uma ilusão perpetuada por confiança ou teimosa ignorância, dependendo do seu ponto de vista.

Examine uma nota de um real e você verá as palavras "Deus seja louvado". As palavras poderiam ser: "Em nossos vizinhos confiamos, para pagar o valor desta nota por bens ou serviços com cujo valor também concordamos". Muito prolixo; "Deus seja louvado" se encaixa melhor.

A menção de Deus nas notas monetárias levanta ainda outra questão. A religião também é um conceito imaginário sem valor inerente. O valor deriva de grupos que confiam na "história" uns dos outros e concordam sobre o valor dessa história.

Temos que concordar que uma barra de chocolate custa mais ou menos sete reais, assim como temos que aceitar que nossa religião defende a bondade e a erradicação do pecado. Somos nós, humanos, e ninguém mais, que decidimos essas duas questões. Não existem leis universais específicas que regem o custo de uma barra de chocolate ou o que constitui um comportamento religioso correto.

Embora religião e dinheiro sejam igualmente desprovidos de valor inato, foi o dinheiro que ganhou a disputa da aceitabilidade universal. Um muçulmano não seria bem-vindo a recitar o Alcorão durante a Oração do Senhor, mas as doações para a coleta da Igreja são bem-vindas, não importa a denominação religiosa. Podemos rejeitar uma parte do faz de conta de uma pessoa e, ao mesmo tempo, aceitar a outra. "O dinheiro é o sistema de confiança mútua mais universal e mais eficiente já concebido", confirma Harari.

O fato de as pessoas do mundo todo se unirem pela confiança na ideia de dinheiro mas serem dilaceradas por crenças religiosas se justifica porque, no fim das contas, o dinheiro é trocado por aqueles bens e serviços que a natureza determinou que precisamos para sobreviver — as necessidades fisiológicas descritas por Maslow. Julgamos que podemos rejeitar a ideologia religiosa de alguém porque não é provável que ela nos mate (embora a decisão seguinte desse alguém de se tornar um belicista possa matar).

Dinheiro preguiçoso

Esse entendimento levanta ainda outra ideia que precisamos abordar. Para isso, quero que você imagine um mundo apocalíptico. Todo o dinheiro foi queimado e a fumaça sobe da pilha de cinzas para o céu, que permanece imperturbável apesar da destruição abaixo. O vento continuará soprando e as chuvas virão, como sempre vieram. A vida fará o seu melhor, como sempre fez, para se erguer da morte, e leves movimentos nos arbustos em volta sugerem que de fato há sobreviventes.

Esses poucos sobreviventes agirão como caçadores-coletores. Não terão mais dinheiro, pois ele está fumegando na pilha de cinzas, e a infraestrutura que a riqueza sustentava foi paralisada. No entanto, mesmo sem nada disso, eles viverão para ver outro dia. Como? A natureza os pegará pelas mãos, como sempre fez, e os levará de volta ao seu impulso inerente de sobrevivência. A vida é mais do que dinheiro.

Esse exemplo apocalíptico deve nos ajudar a manter o dinheiro nessa nova perspectiva, mas não é o modo de pensar que muitos utilizam. Então, mergulhemos ainda mais fundo na toca do coelho do dinheiro. Nossa dependência cada vez maior nos impede de questionar a realidade dele, e é essa cegueira que cria esse eterno circuito de "das nove às cinco", contas, prazos e ganhos materiais acima e além de nossas necessidades. Essa é uma das grandes causas da dor que sentimos nesse grande lugar nenhum por todo lado.

Nossa crença no dinheiro nos tornou preguiçosos em vários sentidos. O dinheiro é só um meio de obter o que necessitamos, mas não é o único; e por confiarmos exclusivamente no conceito de dinheiro, nossa criatividade, fé e confiança no valor das habilidades naturais que estão dentro de nós e em nossas comunidades interdependentes se enfraqueceram, devido à subutilização.

Quando acreditamos que o dinheiro é algo mais importante do que um conveniente símbolo de troca, podemos, por exemplo, lembrar quando demos esmola a um sem-teto, em vez de pararmos para falar com ele, de um ser humano para outro. Um ato simples, mas poderoso, e muitas vezes esquecido por aqueles que pensam que o dinheiro é a cura para tudo.

À medida que nossa atitude habitual e incontestável de "dinheiro em primeiro lugar" se aprofunda e se enraíza na geração seguinte, não raro as crianças acreditam que as frutas e vegetais que comem são produzidos "no supermercado", e não pelos agricultores nos campos. Essa dissociação entre a fonte bruta e tudo que o dinheiro compra seria cômica se não fosse tão dolorosamente verídica! E a dissociação não para por aí.

Uma vez que aceitamos, sem questionar, a ideia de que o dinheiro faz o mundo girar, e que com o suficiente nossa vida estará completa, focamos totalmente no acúmulo de riqueza. O dinheiro se torna nosso mestre, nosso novo deus e religião. Deixamos de olhar para o céu em busca de sentido e respostas às questões da vida; em vez disso, procuramos dentro de nossa carteira. Deixamos de nos encontrar com nossos amigos, família e comunidade para comungar e meditar existencialmente, seja em um local de culto ou não; e em vez disso, estendemos nossas horas de trabalho — afinal, "aberto de domingo a domingo" é bom para os lucros.

Quando tudo desmorona e perdemos o dinheiro que ganhamos, ou morremos antes de aproveitá-lo — ou, na verdade, nunca tivemos a sorte de desfrutar de riqueza financeira —, ficamos nos sentindo totalmente inúteis e desprovidos.

Um número crescente de estudos relaciona a pobreza com a escravidão econômica estratégica do capitalismo. Mas o capitalismo só pode nos controlar se continuarmos acreditando na ideia de que o dinheiro é o único criador e provedor do nosso futuro e o mais dominante indicador de sucesso.

A pobreza não é só um problema de dinheiro: é um problema resultante da falta de fé em nossa criatividade e em nossos recursos naturais e pessoais, que existiam muito antes do dinheiro e que permanecerão muito tempo depois.

Portanto, a questão é: se você soubesse que sem dinheiro todas as suas necessidades seriam satisfeitas, isso mudaria sua maneira de viver? Se você soubesse que seus desejos seriam satisfeitos de uma forma ou de outra, independentemente do dinheiro, relaxaria um pouco em relação à vida? Neste livro, mostrarei que isso pode acontecer, e acontece.

Há alguns anos, fui inspirado pelo livro *One Red Paperclip*, escrito por Kyle MacDonald. MacDonald queria uma casa. O problema era que ele não tinha emprego nem dinheiro. Pelos valores monetários modernos, Kyle MacDonald era "pobre".

O livro conta como ele começou com um clipe de papel vermelho que segurava as páginas de seu currículo e o trocou por algo um pouco mais valioso — uma caneta em forma de peixe —, que ele então trocou por uma maçaneta, e assim por diante. Para encurtar essa história inspiradora, ele acabou com uma casa, conquistada graças a uma série de escambos que começaram com "um clipe de papel vermelho".

Sua história é um exemplo maravilhoso não só da criatividade e do desembaraço humanos, mas também das moedas invisíveis que existem. No entanto, ninguém nos ensina sobre esses tipos de moedas na escola, embora existam muitas. Uma das razões disso é a dificuldade de mensurá-las.

Tendemos a acreditar no que podemos ver, aferir e comprovar; é uma consequência do método científico que permeia nosso mundo moderno. Não estou incentivando o tipo de fé cega e ignorante que pode levar ao extremismo e à adoração semelhante a uma seita, mas eu diria que nem todas as coisas precisam ser vistas para que acreditemos nelas. Às vezes, pode ser preciso "acreditar antes de ver", para usar uma fala do falecido e grande escritor espiritual Dr. Wayne Dyer.

Vejamos outro exemplo de moedas invisíveis em ação. No dia 14 de junho de 2017, deixei a cidade de Nottingham bem cedo (4h30) para evitar o trânsito da hora do rush que logo entupiria as estradas que levam a Londres. Esse dia, porém, seria mais do que um dia típico de trabalho na capital — foi um dia que ficará indelevelmente marcado na memória das vítimas e testemunhas de um dos piores desastres no Reino Unido desde a Segunda Guerra Mundial: o trágico incêndio de Grenfell.

Ao me aproximar de Londres pela autoestrada M1, julguei ver nuvens de tempestade — remoinhos pretos e cinza manchando o céu perfeitamente azul do amanhecer. Só mais tarde percebi que eram nuvens de fumaça ainda ondulando da torre Grenfell, que havia pegado fogo cinco horas antes.

Setenta e duas pessoas morreram e mais de setenta ficaram feridas no incêndio. Para as 223 pessoas que escaparam, a vida precisaria ser reconstruída em meio à perda, trauma e luto.

Muitos dos que moravam no edifício se encontravam na extremidade inferior do padrão de renda, e toda a vida material deles havia queimado junto com seus apartamentos. Sem renda disponível, economias ou família, muitos dos residentes se perguntavam se as ruas acabariam sendo seu novo lar.

Por mais terrível que seja a tragédia de Grenfell, ela também é indicativa da esperança, fé e comunidade — todas moedas invisíveis — que muitas vezes são criadas das chamas da adversidade.

A academia de artes marciais onde me exercito várias vezes por semana tem vista para a torre Grenfell. E nos dias e semanas após o incêndio, fiquei muito comovido ao testemunhar uma demonstração verdadeiramente surpreendente de compaixão e cooperação interdependente em ajuda às vítimas do edifício, feita por homens e mulheres de todas as idades, raças, credos e rendas.

Doações de roupas, alimentos, produtos de higiene e artigos essenciais encheram centros de distribuição improvisados; algumas pessoas ofereceram a própria casa a estranhos; outras, mantas de tricô e brinquedos novos para as crianças; grupos montaram cozinhas populares; muitos outros ofereceram amor, apoio e um ombro para chorar. A comunidade entrou em ação, em auxílio aos seus vizinhos, muito antes de as agências governamentais mobilizarem métodos mais formais de ajuda.

A população local deu tudo que pôde; alguns deram dinheiro, mas a maioria não. Abundavam moedas invisíveis.

Embaixo do edifício, já irrevogavelmente estragada pela fumaça, ficava o Dale Youth Boxing Club, uma academia de boxe que atendia aos jovens da comunidade havia quase vinte anos. Embora essa academia tenha desenvolvido algumas superestrelas do boxe de alto nível ao longo dos anos (James DeGale, George Groves e Daniel Dubois), seu verdadeiro valor reside nas histórias não contadas dos jovens que salvou, ao longo dos anos, do risco da criminalidade — muito frequentemente a narrativa de vida no centro da cidade.

A perda da academia para a comunidade foi maior do que o dinheiro poderia mensurar, mas era o dinheiro, e muito dinheiro, que seria necessário para devolver esse recurso vital para eles. Quem investiria em um lugar assim?

Moedas invisíveis não financiam só pequenas coisas como blusas de tricô, latas de comida, edredons ou travesseiros; moedas invisíveis também têm peso suficiente para financiar grandes projetos.

DIY SOS é um programa de televisão da BBC, em que uma equipe especializada realiza um projeto de construção para uma causa. Eles contam exclusivamente com o material doado por empresas e com o esforço físico de voluntários da comunidade. Em seu maior projeto até o momento, escolheram a reconstrução da academia Dale Youth Boxing, na torre Grenfell, como sua causa.

Em um jornal local, o apresentador do *DIY SOS*, Nick Knowles, classificou o projeto da academia de boxe como o mais ambicioso da história do programa. O custo da construção ininterrupta durante nove semanas ultrapassaria os 2 milhões de libras em doações. Todos, incluindo os sobreviventes, ao que parecia, duvidavam que o poder da moeda invisível pudesse chegar à casa dos milhões. Mas deu certo, e a academia foi reconstruída e equipada, com um design de última geração, ganhando um novo centro comunitário e um espaço onde os residentes e sobreviventes do incêndio poderiam ir para obter aconselhamento, se desejassem.

Seria leviano sugerir que o dinheiro não desempenha um papel — um grande papel — em nosso mundo; claro que desempenha. Mas nossa confiança no dinheiro como único meio de troca é igualmente leviana e preguiçosa. Comunidade, ajuda e cooperação interdependentes, doações, invenções, criatividade e, sim, às vezes, uma mão divina que não podemos ver, mas cujo efeito podemos sentir, são todos tipos de moeda valiosa, e estão acima e para além do dinheiro.

A armadilha do tempo e o dinheiro

Há ainda outro problema com o paradigma "dinheiro em primeiro lugar". Embora em tese o dinheiro seja um recurso infinito, dependendo do tamanho de sua imaginação e das táticas empregadas para ganhá-lo, a natureza está sempre aí para criar empecilhos. Esse empecilho é o tempo.

Não importa quão focado você esteja em obter dinheiro, não importa quanto você celebre seus ganhos, chore suas perdas e acredite no papel dele como o eixo do mundo, há uma bomba-relógio esperando para explodir. Desde o momento em que nascemos, estamos condenados à morte. É a natureza que diz isso, e ninguém ainda provou que ela está errada. O tempo substitui todas as leis monetárias artificiais simplesmente interrompendo o jogo quando "já deu".

Essa contagem regressiva para o nosso fim, entretanto, parece ter acentuado nossa obsessão por dinheiro, em vez de colocá-lo em outra perspectiva. Em vez de acordar e abandonar essa prisão conceitual que construímos em torno de nós mesmos, nós nos empenhamos mais no jogo e tentamos acumular mais e mais antes que a morte chegue. O dinheiro deixou de ser só um meio para atingir o objetivo de troca de bens e serviços essenciais que nos mantêm vivos — ele se tornou tanto o meio quanto o fim. Hoje, vivemos em um mundo onde o dinheiro gera dinheiro por meio da influência do setor bancário (mais sobre isso no próximo capítulo), e permitimos que o dinheiro se tornasse um indicativo do nosso valor.

Mas quando e por que o dinheiro passou de um meio extenso de troca à gigantesca dor de cabeça que é hoje? Quando se tornou a missão principal da nossa vida, uma missão que tantos de nós aceitamos sem questionar? Quando nossa autoestima e nosso valor ficaram tão inextricavelmente ligados ao dinheiro? É difícil saber ao certo, mas eu imagino que tenha sido no momento em que começamos a equiparar dinheiro e poder.

Durante gerações, temos visto reis enchendo seus cofres e naturalmente, se não por engano, associamos dinheiro e poder. Afinal, quem não quer o poder, a energia que alimenta as habilidades de sobrevivência do mais apto? Na verdade, nem o rei nem seu dinheiro são a verdadeira fonte do poder — mas, para isso, teremos que procurar em outro lugar, e mais tarde o faremos. O poder do rei, assim como o dinheiro, é uma ilusão. Nenhuma quantidade de dinheiro pode dar a um rei poder natural, assim como o status de alfa de uma matilha de lobos não pode ser comprado pelo menor da ninhada.

Mas observamos que o rei tem todas as riquezas — todas as de tipo material — e o peso de um exército para fazer cumprir sua lei e convencer que o dinheiro é a chave do sucesso. E esse é o maior mal-entendido do pensamento humano.

Enquanto alguns de nós, hipnotizados pelo brilho da coroa de ouro do rei, mergulhamos de cabeça no acúmulo de riqueza para saciar nossa sede de autoestima, outros astutos decidiram explorar nossas inseguranças e capitalizá-las. Esses são os jogadores do jogo do dinheiro. É um jogo em que o vencedor acumula mais. Em que o campeão é decidido não por quem marca mais gols ou pontos, mas por quem tem mais dinheiro. Foram essas pessoas que nos levaram ainda mais fundo na toca do coelho do dinheiro. Nós acreditamos em suas promessas, nos acovardamos diante do medo que fomentaram e nos confundimos com suas letras miúdas. Essas pessoas são os banqueiros — esse grupo amorfo que joga conosco como se fôssemos peões e é recompensado por nossas perdas.

Seja qual for nossa motivação pessoal para ganhar mais dinheiro, devemos analisar o comportamento desses ilusionistas da moeda para que possamos entender melhor como caímos na armadilha do jogo deles. Só então poderemos pensar em como nos libertar de suas correntes, viver com autonomia e criar um futuro com as próprias mãos.

O dinheiro e o setor bancário

Get your money for nothing and your chicks for free.

Dire Straits

Os humanos gostam de ultrapassar os limites; é um dos benefícios de uma consciência evoluída: a habilidade de refletir sobre si e de se esforçar. No entanto, isso tem um preço. Com a capacidade de desejar campos mais verdejantes, vem o hábito de sonhar com uma miríade de invenções para alcançá-los, boas ou más, gentis ou astutas. Nossa bela mente é uma faca de dois gumes que carregamos conosco durante todo nosso tempo de vida.

Qualquer figura parental pode atestar um momento em que disse "não" a uma criança pequena, e a viu não só continuar com o comportamento proibido, como também fazê-lo encarando-o com um sorriso irônico. O setor bancário, tema deste capítulo, é outra "criança travessa" desobediente que tenta forçar o limite das regras.

O setor bancário capitalizou nossa relutância em desafiar o paradigma do dinheiro e construiu uma indústria global tão poderosa que é difícil escapar dela, mesmo se quiséssemos — difícil, mas não impossível.

O negócio bancário é um jogo. É um jogo de dinheiro-que-gera-dinheiro visando só o seu próprio bem. As táticas e técnicas do setor bancário estão fora do escopo deste livro, sobretudo porque não aderimos a elas. Basta dizer que o banco é o ilusionista por excelência.

Em resumo, o negócio bancário é a prática de ganhar dinheiro vendendo algo que não existe, não tem valor inerente e sem dúvida não nos ajudará a sobreviver ao nosso apocalipse hipotético.

Pense nisso por um momento. Nada da natureza é trocado por meio do sistema bancário: pelo menos nada tangível ou real. Esse ramo é dominado pela ilusão, por um tipo perverso de confiança e pela dependência de que ninguém questione a realidade. Na maioria das vezes, é preciso a surpresa devastadora de uma depressão econômica para revelar a verdadeira face do jogo.

Mas quando foi que começamos a tratar o dinheiro como uma lei universal generalizada? Michael Taylor é o "Banqueiro Anônimo".[5] Em seu site, Taylor ensina às pessoas coisas sobre dinheiro e finanças e mostra como ver através da cortina de fumaça do jargão secreto e confuso do setor financeiro. Taylor se tornou um banqueiro norte-americano de primeira depois de se formar em Harvard. Como muitos outros nesse ramo, ele subiu na hierarquia por meio de estudo, trabalho árduo, ambição competitiva e uma pitada de sorte. Entre suas realizações no jogo do dinheiro, ele lista a administração de uma S.A. no ramo de investimento privado e a venda de títulos nos departamentos de hipotecas e mercados emergentes da Goldman Sachs.

O lugar nenhum por todo lado incomodava Taylor, até que ele se viu forçado a fazer uma mudança. Apesar do sucesso no setor financeiro, ele o abandonou para lecionar.

"Não sou realmente anônimo, mas gostei da temática de 'ficar sóbrio' em relação ao dinheiro e às finanças", diz Taylor. "Eu fundei o Bankers Anonymous porque, como um ex-banqueiro em recuperação, acredito que a lacuna entre o mundo financeiro, como o conheço, e o discurso público sobre finanças é mais do que só um problema para uma família que tenta equilibrar seu orçamento ou políticos que tentam acertar o orçamento do ano seguinte — é uma fragilidade da nossa sociedade civil."

Perguntei a Taylor quando e como ele achava que ocorrera a mudança de o dinheiro ser usado como um meio para um fim (minhas duas galinhas em troca do seu fardo de feno), para ser tanto o meio quanto o fim.

"Essa é uma grande questão, e não tenho uma resposta pronta", admite ele, "mas me faz pensar em algo que eu estava lendo ontem à noite para minha filha de 8 anos, do livro *Uma casa na campina*.

"No capítulo que estamos lendo, os personagens estão na campina — provavelmente entre 60 e 160 quilômetros de qualquer outro colono descendente de europeus. Pode haver indígenas na área, mas eles não sabem. E há uma descrição adorável — na verdade, é bastante meditativa — dos pássaros, das campinas, dos animais e das estrelas. O resto do capítulo são basicamente ponderações sobre como lavar as anáguas e preparar e aquecer a comida no fogo.

"Mas não se fala em dinheiro: de quem você compraria? Eles não têm nada para negociar, mas sobrevivem, e bem. Eles buscam água e lavam suas roupas rio acima, matam e comem os coelhos da campina e usam o pelo para se aquecerem, brincam na grama alta e depois a colhem para fazer palha.

"Então, respondendo à sua pergunta, assim como recentemente no século XIX, pelo menos nessa narrativa semificcional era possível sobreviver sem dinheiro."

Dois pensamentos

Considerando ainda a questão de quando e por que o dinheiro se tornou tanto o meio quanto o fim, minha conversa com Taylor passou da literatura para a história. "Pensando nisso", disse ele, "suspeito que, na realidade, a necessidade de dinheiro e o acúmulo de excedente têm origem nos soberanos com suas exigências de tributos, e nos súditos tendo que honrar uma dívida para com uma autoridade central".

É uma boa observação, pois, desde o início da história, líderes, soberanos, czares, xoguns, chefes tribais e todos os tipos de chefes exigiam impostos.

Na melhor das hipóteses, o retorno ao contribuinte muitas vezes era pouco mais do que um gesto simbólico de reciprocidade — de valor inferior, ilusório ou nulo. Os líderes mais hediondos ignoravam por completo esse fingimento e simplesmente cobravam impostos em troca da vida do contribuinte.

Líderes um pouco mais politicamente corretos, para manter as aparências, talvez considerassem os benefícios fiscais como "proteção", ou prometiam manter o contribuinte nas "boas graças" do governo, ou ofereciam outros benefícios igualmente vazios.

É razoável sugerir que essas atitudes iniciais em relação à tributação prepararam o caminho para o jogo do dinheiro que vemos hoje no setor bancário global e no ramo de seguros.

Selina Lamy trabalhou no Citibank por mais de quinze anos e conhece bem o mundo das finanças. Fiz a Selina a mesma pergunta que fiz a Taylor: por que o sistema bancário se tornou o jogo que é hoje?

"Ganância", admitiu ela por fim, depois de procurar uma palavra menos contundente. Essa é a visão de alguém de dentro.

Quer seja ao quebrar um recorde, andar na Lua, dividir o átomo ou faturar um milhão, os seres humanos adoram se esforçar e melhorar. Adoramos jogar e, se possível, vencer.

O jogo do dinheiro tem a ver com o amor pelo acúmulo de riqueza. Não é mais simplesmente o meio para a provisão de coisas que Maslow descreveu em sua pirâmide de necessidades. Essa ideia em si não é problemática. Jogar um jogo, seja qual for o prêmio final, é prerrogativa de todo ser humano. Só se torna um problema quando afeta aqueles que escolhem não jogar ou não querem jogar; ou pior, aqueles que nem sabem que estão jogando para início de conversa.

A cabeça de Arnold Schwarzenegger em cima de um tanque em miniatura, orientando os clientes a não perderem o prazo do PPI, pode muito bem constituir os sessenta segundos mais bizarros da propaganda da televisão britânica. Mas sua exibição no horário nobre da TV é um testemunho de quantas pessoas "normais" foram afetadas, sem saber, pelo escândalo do PPI.

PPI significa seguro de proteção de crédito (Payment Protection Insurance, no original). Desde a década de 1990, os bancos vendem esse tipo de apólice de seguro junto com hipotecas, empréstimos e cartões de crédito. Foi criada para reembolsar os empréstimos de pessoas com dificuldade para honrar esses pagamentos: por perda de emprego, doença ou outras circunstâncias inevitáveis. No papel, o conceito de PPI parecia razoável e justo; mas a realidade era menos altruísta.

Em 2004, o jornal *The Guardian* revelou que muitos bancos estavam devolvendo apenas 15% do PPI aos requerentes, tornando-o mais lucrativo para os bancos do que o seguro de automóveis e residências.[6] Por isso os bancos tentavam vendê-los tão agressivamente.

Em 2008, o escândalo do PPI aumentou depois que a *Which?*, a revista do consumidor, relatou que um em cada três clientes do PPI havia comprado um seguro "sem valor". Os consumidores haviam sido peões em um jogo bancário perdulário mas lucrativo, do qual nada sabiam. A maioria das pessoas mal entendia que estava comprando um PPI, e poucos sabiam que tinham algum poder de escolha a esse respeito.

Por trás da cortina

Vestindo macacões brancos e tênis brancos novos, três homens posicionam uma plataforma elevada contra a Grande Muralha da China. Nela está a estrutura de uma grande caixa de metal, com escadas que levam de volta ao solo. Um homem alto e bonito, todo vestido de preto, exceto por uma toalha branca jogada sobre os ombros, lenta e deliberadamente sobe os degraus e entra na caixa.

Ele estende a mão para tocar a Grande Muralha, como se acariciasse um amor antigo que não via em muito tempo, e sente as pedras gigantes na ponta dos dedos. Enquanto observa o muro, os homens de branco se juntam a ele na plataforma, e dois deles desenrolam panos brancos, criando laterais de tecido na caixa de metal, enquanto o terceiro, depois que as cortinas estão totalmente fixas, acende um holofote para revelar a silhueta do homem de preto.

Esse homem é David Copperfield, o ilusionista mundialmente famoso dos anos 1980, e ele estava prestes a atravessar a Grande Muralha da China.

Lembro-me de estar sentado em frente à TV com minha família, fascinado por esse truque de mágica aparentemente impossível.

Copperfield, agora na casa dos 60 anos, ainda encanta o público com seu show no teatro de um hotel em Las Vegas. As pessoas se aglomeram para ver seu ilusionismo e, embora conheçam muito bem a prestidigitação que faz parte do show, deixam a descrença de lado para se divertir. É uma característica humana: se utilizar de uma cegueira voluntária se, de uma forma ou de outra, isso nos for útil.

O caminho de saída do hotel após o show de Copperfield (estrategicamente escolhido pelos designers e proprietários do hotel, não pelo próprio Copperfield, presumo) se localiza entre as luzes brilhantes das máquinas caça-níqueis, as rodas giratórias das mesas de roleta e os charmosos sorrisos de homens e mulheres esperando para servir. Nesse covil de iniquidade, as pessoas comuns se aglomeram e suspendem seu bom senso para se envolver, como em um transe, no jogo de apostas.

A cegueira intencional é usada por todos nós em todas as circunstâncias, sobretudo no que diz respeito às nossas finanças. No caso do PPI e de outros tipos de seguros, a motivação para a nossa cegueira é o medo de um futuro incerto; com o jogo é a mesma coisa, mas com um tipo perverso de esperança de que o futuro será melhor. Ambos os estados mentais, medo e esperança, muitas vezes nos impedem de olhar por trás da cortina em busca da verdade desta realidade que está além do que vemos.

No entanto, nossa vida financeira não é um jogo. Nossa cegueira está nos afetando e nossa teimosa ignorância está nos arruinando financeira, mental, emocional, física e espiritualmente.

É nossa responsabilidade olhar por trás da cortina, questionar a realidade e começar a jogar segundo novas regras; regras que estejam a nosso favor. Espero que estes capítulos iniciais estejam ajudando você a assumir essa responsabilidade.

O excedente e o mundo natural

No mundo natural, as regras da trapaça nunca poderão nos salvar, porque não funcionam lá. A natureza tem suas próprias regras e diretrizes inevitáveis.

Minha esposa é sul-africana. Ela adora relembrar seus acampamentos de férias na infância com a família em Botsuana. Ela se lembra de ajudar a abarrotar um velho Land Rover verde militar com o equipamento de camping — o suficiente para ela e sua família sobreviverem por três semanas na mata de Botsuana. Seus olhos brilham quando ela lembra que olhava as estrelas ao lado de uma fogueira crepitante.

Embora hoje Botsuana seja mais desenvolvido e mais cheio de turistas que na época das férias da minha esposa, nos anos 1970, ainda é um dos últimos bastiões de natureza intocada que restou no continente africano. Como londrino, fiquei pasmo quando ela me levou lá pela primeira vez. Por fim entendi o que ela queria dizer quando se referia a essa "sensação de grandeza que você só tem na mata".

Foi em Botsuana que vi leões pela primeira vez na natureza selvagem, em vez de em um livro ilustrado ou por trás das paredes de vidro do zoológico de Londres. Há algo de transcendente na natureza, particularmente na essência crua, não filtrada, de um predador como o leão.

Você pode sentir o rugido gutural de um leão vindo do fundo do estômago, e isso ativa no cérebro o medo e instinto de sobrevivência, gravado no DNA herdado de nossos ancestrais caçadores-coletores. O rugido de um leão reconecta você rapidinho com as leis da natureza.

Duas coisas me surpreendem sempre que vou à selva de Botsuana: o quão supérfluo é o mundo não natural e como a natureza não trabalha com excessos. Ela não trabalha mais que o necessário; as árvores não concentram esforços para crescer, as flores não estabelecem metas ambiciosas, e bandos de estorninhos não se reúnem regularmente para discutir táticas e treinar as complexidades do seu trinado.

A natureza não é gananciosa. Embora haja exceções para todas as regras, a natureza não recebe nem dá mais do que o necessário.

É importante reconhecer aqui o fenômeno conhecido como "síndrome do galinheiro" (*Henhouse Syndrome*, no original). É um termo criado pelo biólogo holandês Hans Kruuk depois de estudar hienas na África e raposas-vermelhas na Inglaterra.[7]

Kruuk observou que alguns animais de fato praticam a matança excedente — como os zooplânctons, donzelinhas, ácaros predadores, martas, doninhas, texugos-do-mel, lobos, orcas, raposas-vermelhas, leopardos, leões, hienas-malhadas, aranhas, ursos-pardos, ursos-negros, ursos-polares, coiotes, linces, visons, guaxinins, cães, gatos domésticos e, claro, humanos.

A questão, então, não é tanto se o comportamento que visa ao excedente existe tanto no mundo natural quanto no humano, mas quanto à motivação e às nuances de tal comportamento.

Mesmo nos casos em que o armazenamento de alimentos a longo prazo não fosse a motivação, os estudos de Kruuk descobriram que ainda assim matança excedente desempenhava um papel na sobrevivência contínua — tal como obter comida para a prole ou ganhar ou ensinar habilidades valiosas de caça.

Seria ingênuo sugerir que apenas os humanos violam as leis naturais do mundo. Já testemunhei um elefante jovem intencionalmente esmigalhando um cacto sem motivo algum! Mas somos nós, os humanos, com nossa necessidade incessante de mais e mais, que extrapolamos os limites e levamos nosso planeta à beira da extinção. Foi a característica exclusivamente humana de vincular a autoestima ao dinheiro que alimentou o desejo de crescimento sem fim.

Afora a ganância, outra motivação para o acúmulo de dinheiro além das nossas necessidades diretas e óbvias é o medo.

A frase "poupar para os tempos de vacas magras" revela tudo o que precisamos saber sobre a relação entre medo e dinheiro — nossa ansiedade inconfessa, mas primitiva, de que em algum momento não haverá o suficiente para atender às nossas necessidades, de modo que devemos pegar mais do que precisamos agora — por via das dúvidas.

Poupança, títulos, pensões e coisas do gênero são todos afetados pela ameaça de ficar sem dinheiro, o que faz com que, pelo menos superficialmente, pareçam bons investimentos. Ensinamos nossos filhos a economizar em vez de desperdiçar e a montar um orçamento em vez de gastar tudo. Embora seja sensato, viver uma vida em um cenário de medo sutil não é nada inspirador e, embora as pessoas tenham acumulado e economizado por gerações, não é um processo natural, e nem feliz eu diria.

Voltando à nossa questão hipotética do capítulo anterior: se você soubesse que todas as suas necessidades seriam atendidas sempre que precisasse, desperdiçaria sua vida correndo atrás de dinheiro?

Quem ou o que atenderia às suas necessidades? É hora de procurarmos a fonte desses abundantes dons naturais descritos nos capítulos de *Uma casa na campina* que Michael Taylor lê para a filha.

Parte II

O caminho do sentido

A busca por sentido

Agora que vimos por trás da cortina que esconde a verdade sobre a natureza ilusória do dinheiro, nossa fé em sua importância generalizada pode começar a se abalar. Ótimo. Na ausência de certeza, somos forçados a procurar sentido e orientação em outro lugar.

O som do silêncio

Existe algo dentro de todos nós, mesmo que nem sempre estejamos cientes disso.

Podemos sentir quando nos deitamos na grama em uma preguiçosa tarde de verão, olhando para as nuvens brancas que mudam de forma; primeiro, um coração, depois, a cabeça de uma girafa, e, se fecharmos um dos olhos, poderemos distinguir um pedaço da Torre Eiffel. Ou então quando estamos olhando para uma fogueira, hipnotizados pelas chamas, ouvindo o estalo da madeira queimando e as colunas de fumaça que se retorcem e rodopiam. Às vezes, podemos sentir enquanto olhamos para o mar, para o horizonte, com a trilha sonora natural e rítmica das ondas batendo na costa.

Está sempre lá, mas é nos momentos livres de distração, pensamentos e tarefas que o som do silêncio ecoa mais profundamente em nós. Nesses momentos, experimentamos a "coisa inominável", a força vital em nosso âmago, a partir da qual as narrativas diárias da humanidade se desenrolam.

É a tela em branco em nosso interior, esperando que pintemos nela o que quisermos imaginar. Ela é capaz de conter todas as nossas criações, boas, más e indiferentes, e pode ser apagada e redesenhada, ou deixada como está e admirada. É nessa fonte de toda a vida, uma fonte acima e além de quaisquer leis financeiras e que sobreviverá mesmo a um apocalipse, que podemos encontrar as respostas para uma existência rica e significativa.

O sentido da vida

Desde o início dos tempos, os seres humanos buscam o sentido da vida. Não buscá-lo é impossível. É uma qualidade de uma consciência evoluída. Os humanos fazem a si mesmos todos os tipos de perguntas para compreender e confirmar seu lugar na ordem das coisas.

É natural querer compreender e aceitar aquilo a que estamos ligados e sabemos intuitivamente. Olhando para as estrelas, fazemos as perguntas: por que estamos aqui? Para onde vamos depois de morrer? O que devemos fazer enquanto estivermos aqui? Quem está no controle: nós ou algo mais? Em um momento ou outro, todos nós refletimos (ou refletiremos) sobre esses tipos de pergunta.

Com a busca por sentido vêm respostas, percepções, teorias e hipóteses. Desde o início da história, essas ideias foram recolhidas e, em maior ou menor grau, sistematizadas para que pudessem ser ensinadas às gerações seguintes.

As histórias contadas ao redor da fogueira tornaram-se mitos e lendas culturais, todas com lições a ensinar e aprender. Mais tarde, com a evolução do conhecimento, da percepção e das teorias, surgiram três sistemas distintos de investigação, doutrina e educação: religião, filosofia e ciência. Dentro de cada sistema, inúmeras escolas de pensamento se formaram com suas próprias visões, opiniões e descobertas matizadas sobre o tema central.

Não importa quão evoluídos ou grandiosos se tornem esses sistemas, no fim das contas eles estão baseados na busca pelo sentido da vida; unidos pelo mistério inominável e insondável de tudo isso.

Vejamos brevemente os três sistemas principais.

Religião

Todas as religiões, incluindo as maiores, como o cristianismo, islamismo, hinduísmo, budismo, sikhismo, judaísmo, confucionismo, jainismo, defendem a crença em um poder ou poderes sobrenaturais (Deus, deuses, divindades e semelhantes), que consideram os criadores e governantes do universo. Sejam monoteístas — que acreditam em um deus governante central — ou politeístas — que acreditam em muitos deuses e divindades —, a ideia central da religião é que há um grande chefe que os humanos são obrigados a aplacar para garantir uma vida favorável antes e após a morte. Embora a religião abdique de grande parte da responsabilidade pelo direcionamento da vida ao divino, a arte da oração e o cumprimento dos princípios religiosos permitem que os humanos tenham participação na definição de seu futuro, mesmo que apenas por meio da benevolência de um deus bem apaziguado.

Filosofia

A palavra filosofia significa "amor pela sabedoria" em grego e, de acordo com o *American Heritage Dictionary*, a sabedoria é definida como "a capacidade de discernir ou julgar o que é verdadeiro, correto ou duradouro".[8]

Os filósofos valorizam a educação e o pensamento. Eles investigam a paisagem interna e externa dos seres humanos para descobrir o que é verdade. Buscam harmonizar a experiência interna e a externa. Testam a experiência de mente aberta, não tornam nada como garantido, não creem com fé cega (como a religião faria), e nenhum deles já rejeitou a possibilidade do sobrenatural.

Immanuel Kant, um dos grandes filósofos alemães, resume a filosofia lindamente: "Duas coisas me enchem de admiração e temor cada vez maiores, quanto mais seriamente reflito sobre elas: os céus estrelados por fora e a Lei Moral por dentro."

Ciência

Enquanto a religião olhava para os céus e a filosofia olhava para dentro e ao redor, a ciência buscava um método eficaz de provar objetivamente, ou refutar, os mistérios da vida, ou pelo menos os que estavam bem diante dos nossos olhos (e dos outros quatro sentidos). O método científico tem seis (às vezes sete) etapas:

1. Fazer uma pergunta para a qual se desejam respostas.
2. Fazer pesquisas para encontrar as respostas.
3. Propor uma hipótese com base nessa pesquisa — uma espécie de palpite embasado em estudos sobre a resposta.
4. Experimentar e testar a validade da sua hipótese, sem trapacear nem manipular as descobertas para se adequarem às suas crenças.
5. Registrar e analisar seus achados e descobertas e compará-los com sua hipótese.
6. Tirar uma conclusão que provará ou refutará sua hipótese original.
7. Voltar ao início e repetir o processo com uma nova pergunta.

Quando a religião está pronta para acreditar, a ciência quer provas, mas a própria ferramenta que esta possui também a limita. Instrumentos feitos pelo homem só podem testar até este instante e lugar: uma máquina pode registrar o efeito de um carro colidindo a 48 km por hora sobre um manequim, mas não é tão fácil medir nossa dimensão, espiritual ou metafísica.

Carl Jung (1875-1961), o famoso psiquiatra suíço, psicanalista e fundador da psicologia analítica, reconhece as limitações de uma rota puramente baseada na ciência para a descoberta: "A ciência é a ferramenta da mente ocidental, e com ela mais portas podem ser abertas do que com as mãos nuas.

É parte integrante do nosso conhecimento e *só obscurece nosso insight quando sustenta que o entendimento dado por ela é o único tipo que existe."* [Grifo meu.]

Embora cada um desses três sistemas pioneiros de exploração da verdade tenha limitações, devemos muito a eles. São esses sistemas — religião, filosofia e ciência — que abriram o caminho para a compreensão matizada, embora incompleta, da vida atual. Muitos de nós hoje buscamos uma variedade de fontes para ajudar a enfrentar os desafios da vida, e não apenas uma; este livro é um exemplo.

Se encontrar o Buda, mate-o

O budismo, um dos principais sistemas de crenças religiosas, é uma fonte de inspiração na qual muitos procuram respostas para a vida.

É uma religião única no sentido de que se encaixa igualmente bem entre o sagrado, o filosófico, o científico e as pessoas comuns.

Muitas lições do budismo não são estritamente religiosas, mas sim "humanistas". O compromisso com a religião em si não é necessário para se beneficiar de muito de sua sabedoria. É claro que, enquanto religião, o budismo atinge grandes profundidades que seus adeptos são livres para explorar, mas este não é um livro sobre o budismo, e sim um livro inspirado por ele.

O que aprendi em mais de 25 anos de prática do budismo e, em particular, com minhas experiências enquanto fazia uma peregrinação budista no Japão, pode certamente ajudar.

Uma frase budista favorita minha é: "Se encontrar o Buda, mate-o!" Quando a ouvi pela primeira vez, fiquei meio chocado e confuso. Não parecia se encaixar bem com os ensinamentos pacíficos e compassivos que eu havia compreendido como parte integrante da prática budista. Com o passar dos anos, à medida que refletia mais e mais sobre a frase, percebi que não era um chamado para a anarquia, e sim para a ação.

O budismo insiste que os seguidores não sigam as instruções budistas cegamente e que, em vez disso, testem tudo o que escutam (como fazem os filósofos e cientistas).

O assassinato metafórico de Buda incentiva as pessoas a rejeitarem a fé inquestionável que persistiu em tantas religiões e cultos no passado. Em vez de confiar em um guru, líder ou "poder superior", o budismo defende a autoaprendizagem, a pesquisa e a descoberta experiencial. O budismo é um sistema de ação, não postula meramente ouvir ou seguir sem questionar.

Seguir a multidão e abordar a vida apenas na teoria, em vez de experienciá-la, não é incomum; indiscutivelmente, muitas pessoas vivem mais como "ovelhas cerebrais" do que como os "pioneiros do livre-arbítrio" que imaginamos ser.

Existem motivos para trilharmos o caminho mais usado. Para a sobrevivência evolutiva, é mais seguro fazer parte de um grupo do que ficar sozinho, e uma mente desenvolvida oferece alguns benefícios contra a ignorância, conforme se reflete na priorização atual de uma educação acadêmica em detrimento do estudo orientado pela vocação. O *status quo* tem lá suas vantagens, por isso tem tantos adeptos. Mas será que "sobrevivência" e "melhores notas" realmente refletem uma vida mais bem vivida? Eles são mesmo indicadores de que estamos aproveitando nosso precioso tempo aqui ao máximo? Eu acho que não.

Se você fizer o que todo mundo faz, obterá o que todo mundo obtém. Nossas habilidades cognitivas nos permitem optar por evitar a segurança homogênea do *status quo*. Em vez disso, podemos ousar seguir nossa própria jornada. Podemos ultrapassar nossos limites e abrir caminhos que podem ou não queimar as pontas dos nossos dedos, mas, de uma forma ou outra, aprenderemos muito. Desfrutaremos de novas paisagens, conheceremos novos amigos, descobriremos novas verdades e sentiremos a vida vibrar com mais intensidade.

Nem sempre será um prazer — nem todo novo empreendimento tem resultados positivos. Quando arriscamos colocar a cabeça acima da trincheira, também corremos o risco de levar um tiro. Mas quando mantemos a cabeça baixa entre nossos semelhantes, corremos o risco de outra morte: a da alma que está confinada à normalidade, desejando alcançar os céus, mas com muito medo de deixar a sacralidade do que se conhece.

Sentido e felicidade

Ao longo dos anos, tem havido muitas pesquisas sobre as camadas superiores da "hierarquia das necessidades" de Maslow; sobre a felicidade e o que leva a ela, tanto no trabalho quanto na vida em geral. As descobertas são variadas e interessantes, mas uma conclusão é inquestionável: que as pessoas são mais felizes quando têm um propósito — quando sua vida tem sentido.

O que quer dizer ter uma vida com sentido? Essa é uma pergunta muito antiga, cujas respostas preencheram — e continuam preenchendo — muitos livros. Não existe uma resposta única; o sentido é tão fluido quanto a própria vida, mudando para se adequar ao tempo, às circunstâncias, ao gênero, à raça e etnia, à cultura e à educação. Não existe uma resposta correta e universal: a vida tem o sentido que você atribui. A título de exemplo, para uma figura parental, o sentido da vida pode ser criar uma família; para um atleta profissional, o sentido pode estar em um troféu. Ambos são igualmente válidos.

Em *O homem em busca de um sentido*, um dos livros mais profundos já escritos, o sobrevivente do holocausto Viktor E. Frankl narra suas experiências como prisioneiro nos campos de concentração nazistas da Segunda Guerra Mundial. Ele sobreviveu ao gueto de Theresienstadt, a Auschwitz, ao campo de trabalho de Kaufering e ao chamado "campo de descanso" de Türkheim, e descreve como essas experiências o levaram a descobrir a importância do sentido em todas as formas de existência e, depois da guerra, ajudaram a dar forma ao seu método psicoterapêutico, a logoterapia.

Frankl diz: "Não há nada no mundo, ouso dizer, que ajudaria tanto a sobreviver, mesmo nas piores condições, quanto o conhecimento de que há sentido em sua vida." Esqueça os exemplos dos outros e olhe para si mesmo: você vai observar que, quando está envolvido em atividades significativas para você, a vida parece mais rica, mais plena e provavelmente mais feliz.

Em contraste, muitas pesquisas e relatórios mostram que os trabalhadores em todo o mundo não estão satisfeitos. Uma descoberta, tirada de uma pesquisa realizada pela empresa de recursos humanos do Reino Unido chamada Investors in People, afirma que um em cada quatro funcionários se sente infeliz no atual emprego. Com tanto do nosso tempo gasto no local de trabalho, não é exagero chamar isso de torturante.

No espírito budista de testar essas estatísticas, em vez de aceitar essas conclusões sem questionar, pergunte em seu círculo social. Os altos níveis de insatisfação com o trabalho entre seus amigos e colegas poderão surpreendê-lo.

Portanto, se propósito e sentido equivalem à felicidade e as evidências sugerem que somos infelizes no atual emprego, seria seguro concluir que, para muitos, o trabalho não oferece o sentido necessário. É provavelmente por isso que você está lendo este livro.

É claro que algumas pessoas, mesmo quando envolvidas em um trabalho significativo, continuam infelizes. Locais de trabalho significativos não são uma utopia, e colegas de trabalho irritantes ou chefes exigentes e abusivos podem existir mesmo nesses ambientes. No entanto, aqueles que têm um trabalho significativo, pelo qual se sentem apaixonados, muitas vezes conseguem encontrar forças para perseverar nesses desafios temporários. Falando da minha experiência pessoal como escritor: gosto tanto da criatividade de escrever que estou preparado para enfrentar as incontáveis "reescritas" editoriais necessárias que poderiam desencorajar alguém para quem escrever não passe de um passatempo.

Simon, Chris e Dennis

Em 2009, nos primórdios dos "TED Talks", quando eram pouco mais que simples apresentações para pequenos públicos, Simon Sinek subiu ao palco.

Sem necessidade de grandes monitores ou adereços, Sinek ficou na frente de um quadro-branco simples segurando um microfone antigo e fez uma palestra que até agora já foi vista mais de 40 milhões de vezes no YouTube.

A palestra de Sinek foi chamada de "Comece pelo porquê", e foi um sucesso instantâneo entre os fãs do formato TED. E o que ele disse foi que vivemos a vida de trás para frente. Vivemos a partir de uma estrutura motivacional de "o quê" primeiro, depois "como" e por fim "por quê".

Sinek acredita que seríamos mais bem servidos e mais bem-sucedidos se vivêssemos de maneira inversa, ou seja, começando com o motivo pelo qual fazemos algo, depois passando para como o fazemos e, por fim, o que fazemos. (Seu livro *Comece pelo porquê* explica essa ideia maravilhosamente.)

Chris Anderson, "Diretor do TED", em seu livro *TED Talks: O guia oficial do TED para falar em público*, reafirma a ideia de Sinek.

Ao aconselhar outras pessoas sobre a arte de falar em público com sucesso, Anderson conta histórias de apresentadores do TED que não conseguiam manter o interesse da plateia.

Ao contrário da apresentação cheia de sentido de Sinek, que atraiu milhões de visualizações on-line, palestrantes malsucedidos "perderam" o seu público ao focarem demais nas minúcias de sua apresentação — os "como" e "o quê", em vez do "por quê" orientado para o sentido.

Doutor em filosofia, Dennis Ford, em seu livro *The Search for Meaning* ["A procura pelo sentido", em tradução livre], escreve: "Estratégia — as perguntas sobre *o fim* ou *o porquê* — supera as questões táticas do *como* e *por quais meios*." Minha experiência como instrutor de tênis pode me permitir adicionar uma última experiência em apoio a Sinek, Anderson e Ford.

No último dia do meu exame para instrutor de tênis profissional, feito nos meus vinte e poucos anos, o examinador perguntou aos alunos: "O que vem primeiro, estratégia ou técnica?" Esperava-se que cada um de nós respondesse.

Fui um dos últimos a ser questionado, e já havia ouvido quase todos os meus colegas dizerem que era essencial para um jogador de tênis dominar primeiro as complexas técnicas e habilidades do esporte.

Com minha turma oferecendo uma opinião diferente da minha, fiquei tentado a me juntar ao coro. Quando o examinador apontou para mim, apesar de temer a humilhação pública, segui minha intuição: "Estratégia, na minha opinião, deve preceder a técnica."

O examinador ergueu uma sobrancelha, sustentou meu olhar por um momento e me deu as costas. Meu coração quase parou, e meus amigos abafaram os risos.

"A estratégia, como diz Jardine, deve sempre preceder a técnica", disse ele aos outros. A explicação é que se você não sabe onde quer acertar a bola nem por quê (jogar uma bola baixa para um cara alto na rede, para que ele tenha que dobrar os joelhos para alcançá-la, por exemplo), como vai escolher qual técnica usar?

A vida, ao que parece, é sempre melhor quando entendemos e sabemos o nosso "porquê" — nossa razão de ser ou fazer; nosso propósito e sentido na vida. No entanto, encontrar o nosso porquê nem sempre é tão simples quanto parece. Não se preocupe: a filosofia do milionário budista está aqui para ajudar.

Encontrando seu *wa*

Cheree Strydom e Sunni Jardine não poderiam ser mais diferentes. Cheree é uma cantora e compositora sul-africana de quase 30 anos, e Sunni é um estudante universitário de 18 anos que está começando a carreira no rúgbi profissional. O que os une, no entanto, é sua paixão pelo que consideram seus "empregos" — ambos resumem o espírito do milionário budista que descrevi na introdução.

Cheree vem de uma família musical — seu pai era baixista — e se lembra de passar a infância sentada embaixo da mesa ouvindo as apresentações dele. Sua mãe insistia que sua filha deveria se sentir livre para seguir a música, que obviamente estava "em seu sangue".

Sua primeira apresentação profissional foi aos 9 anos de idade e, aos 11, ela fazia parte de uma banda em turnê com outras crianças, família e amigos músicos. Cheree não teve dificuldade para identificar sua razão de estar nesta terra. Ela sabia que havia sido colocada aqui para cantar.

Ao contrário de Cheree, muitas pessoas não conhecem sua vocação com tanta certeza ou desde tão novos. Perguntei-lhe que conselho ela daria àqueles que não têm tanta certeza de seu lugar e sentido na vida. Ela ficou um tanto melancólica.

"Lamento pelas pessoas que estão presas em um lugar onde não encontraram seu propósito. Meu irmão é um exemplo; ele é contador e não gosta muito disso, mas minha namorada é contadora e adora o que faz.

"Eu provavelmente diria a eles: querem saber? Vão viver um pouco. Tentem sair um pouco da sua caixinha. Surpreendam-se e façam algo bem imprevisível. Algo que vocês não fariam normalmente. Desafiem-se um pouco e façam algo novo... mergulhem no inesperado, no desconhecido."

Conselho sábio, de fato.

Um dos maiores desafios da vida é buscar e encontrar sentido — existencial e pessoalmente. Nossa vida é melhor graças a uma causa a se defender, uma razão de ser e um caminho a percorrer, sabendo que isso nos leva, um passo de cada vez, a um destino que tem valor — pelo menos para nós. Mas por que é tão difícil saber quem ou o que queremos ser? Acontece que a maioria de nós nunca aprendeu a procurar; ou pior, foi ativamente desencorajada a fazê-lo.

O conselho anterior de Cheree aos novatos nessa busca para "saírem de sua caixa" é bem-intencionado, mas perde de vista um ingrediente crucial: como fazer isso. Uma "mente aberta" é uma habilidade aprendida e, como todas as habilidades, deve ser nutrida, encorajada e praticada para chegar à maestria.

Foram os pais de Cheree que a ensinaram a perseguir sonhos. Ao encorajá-la, inclusive implorando que ela fizesse o que amava, a mãe de Cheree ensinou que fazer o que se ama é a norma; seu pai fez o mesmo, por exemplo.

No entanto, muitos de nós não tivemos pais como os de Cheree, que promovem ativamente a busca dos sonhos e paixões. A maioria cresceu em lares mais "conservadores", com regimes e regras rigorosas.

Desde o dia em que somos arrancados de uma vida de brincadeiras para darmos nossos primeiros passos na escola, estamos praticando o conformismo, não sonhando nem aspirando. Estamos vivendo a vida de acordo com as regras de outra pessoa, e se nossos objetivos não se enquadrarem nas normas aceitas, seremos malvistos.

Este não é um ataque aos pais e professores, longe disso. Como pai e professor, estou muito ciente das dificuldades e desafios de criar filhos. Todos nós fazemos o melhor que podemos com as habilidades, perspectivas e experiências que temos diante das nossas responsabilidades no momento.

Mas, da mesma forma, se quisermos desfrutar de um trabalho lucrativo pelo qual somos apaixonados, devemos assumir o controle de nossa vida e nos esforçarmos para buscar e encontrar o que tem sentido para nós.

Assim como Cheree, meu filho, Sunni Jardine, sabia desde cedo o que o enchia de paixão: o rúgbi. No entanto, sua família não foi capaz de compartilhar com ele seu interesse. Sunni disse: "Eu não venho de uma formação de rúgbi de alto nível, isso foi algo que eu resolvi fazer desde jovem, e pelo qual eu simplesmente me apaixonei." O rúgbi profissional incentiva suas estrelas de amanhã a completarem sua formação acadêmica em preparação para uma vida além do esporte; os clubes proporcionam uma estrutura que permite aos jovens dividir seu tempo entre as demandas da universidade e suas obrigações profissionais no rúgbi.

Perguntei a Sunni, aos 18 anos, que conselho ele daria a outros jovens com famílias que, por qualquer motivo, podem não necessariamente compartilhar as aspirações acadêmicas ou profissionais de seus filhos, e foi isto que ele me disse:

"Se você gosta de alguma coisa, precisa ir até lá e fazer. Você faz e pronto. Você tem que assumir um papel individual nisso.

"À medida que você cresce e começa a amadurecer, por volta dos 14, 15 anos, acredito que é quando começa a ter um pouco mais de controle sobre a sua vida. Você pode dizer às pessoas o que gosta de fazer e pode começar a fazer as coisas por conta própria.

"Os pais obviamente terão influência sobre você, mas acho que é por isso que cabe a você fazer o que quiser; não com rebeldia — com todo o respeito aos pais —, mas você tem que assumir o controle, e não deixar que o obriguem a fazer algo que não queira.

"Não precisa ser um confronto; pode ser simplesmente uma conversa sincera.

"Basta sentar, bater um papo e dizer: 'Olha, é isso que eu quero fazer. Adoraria se você me apoiasse.' Você tem que agir como um indivíduo. Pensar por si mesmo."

Essas são palavras surpreendentemente sábias para alguém tão jovem. Meu motivo original para entrevistar Sunni foi equilibrar o espectro de vozes do milionário budista. No entanto, à medida que nossa entrevista prosseguia, percebi que Sunni tinha conselhos excelentes que seriam relevantes para todos os leitores, não importa a idade.

"Como eu disse", prosseguiu ele, "seja um pouco egoísta. Se tiver a oportunidade, e perceber que isso será bom para você, faça; e os pais sempre apoiarão quando você realmente precisar deles."

Colocando-se em primeiro lugar

Escolher seguir nosso próprio caminho, ou seja, não seguir as regras de outras pessoas, exige que nos coloquemos em primeiro lugar — algo que a maioria de nós acha difícil fazer. Os budistas não partilham dessa obsessão sobre o amor-próprio ser narcisista ou arrogante. No cerne do budismo, está a prática de desenvolver a bondade e a compaixão por todos os seres, incluindo nós mesmos.

Anos atrás, enquanto deixava meus dois filhos pequenos na escola certa manhã, lembro-me de dizer a outro pai e amigo sobre minha decisão de viajar ao Japão para a peregrinação. Ele olhou para mim horrorizado por eu deixar minha família para curtir o que ele chamou de "férias egoístas". Em vez de perceber minha jornada como um meio de progredir mental e espiritualmente por mim e minha família (como era minha intenção), ele enxergou um pai deixando de cumprir seu dever — isto é, sacrificar-se 24 horas por dia, 365 dias por ano. Para muitos, querer ser o número um não é visto como algo admirável; mas no budismo é.

O ensinamento muito lógico e sensato do budismo afirma que se não pudermos nos amar o suficiente para viver uma vida que encha nosso coração de paixão, o que poderemos oferecer como motivação e exemplo para aqueles que queremos inspirar? É por isso que em um avião, em caso de perda de pressão de ar na cabine, somos aconselhados a pôr nossa própria máscara antes de ajudar crianças e outras pessoas necessitadas. Isso não é egoísta; é prático.

Drew Sullivan é um homem que admiro e outro exemplo de milionário budista. Com mais de dois metros de altura, preciso esticar o pescoço para trás para olhá-lo nos olhos. Seu tamanho físico é igualado por sua inegável presença.

Drew é como um Buda ambulante: sempre sorrindo, fala gentil, mas feroz e competitivo o suficiente para ser um dos melhores jogadores profissionais de basquete do Reino Unido. Drew é também um dos homens mais humildes e generosos que conheço. Ele ganha a vida fazendo o que ama e inspira os fãs com seu eletrizante estilo de jogo.

O esporte profissional não é conhecido por seus personagens desprovidos de ego. Ser o centro do palco para uma base de fãs que os adora é o suficiente para corromper muitos atletas. No entanto, apesar de todos os seus prêmios profissionais (capitão da equipe olímpica de basquete da GB 2012, três vezes jogador mais valioso do basquete britânico do ano, duas vezes jogador mais valioso da liga britânica do ano), Sullivan não caiu na toca do coelho narcisista da fama esportiva.

Tal é a gentil humildade de Sullivan, que só descobri que jogava basquete por acaso, depois de ouvir alguém no vestiário da nossa academia falando sobre tê-lo visto jogar na TV no fim de semana anterior. Quando perguntei a Drew, ele simplesmente abriu seu sorriso enorme e admitiu: "Sim, eu jogo um pouco."

No entanto, no âmago desse homem humilde e generoso está a compreensão intuitiva de que, para cuidar dos outros, você deve primeiro ser capaz de cuidar de si mesmo:

"[Para alguns] essa pode parecer a coisa mais egoísta do mundo", diz Drew, sério, "mas a sua primeira responsabilidade com a felicidade é consigo mesmo. Você não tem como fazer ninguém feliz ao seu redor se não estiver feliz. Se eu desviar do meu caminho para fazer minha esposa feliz e eu não estiver feliz, ela sabe que não será autêntico e não dará certo.

"Para muitas pessoas em um relacionamento, tende a haver a preocupação de cuidar do parceiro ou dos filhos, mas também pode levar ao ressentimento se você não for atrás dos seus sonhos.

"Eu ouço pessoas falando para os seus parceiros: 'Eu não fui atrás dos meus sonhos porque queria ter certeza de que você estava bem primeiro'", diz Drew, balançando a cabeça diante da futilidade dessa abordagem.

"Tudo bem às vezes não estar bem, não seguir a norma", diz Drew, com toda a profundidade de quem, como astro do esporte profissional, ousou levar uma vida com a qual muitos apenas sonham.

"Wa" e "Anti-wa"

Cheree e Sunni conheceram suas paixões desde o início. Vamos investigar como descobrir a sua, se é que ainda não se revelou.

Em japonês, a palavra *wa* significa "paz, harmonia e equilíbrio". Você usará essa palavra para guiá-lo enquanto busca seu sentido — ou o que Simon Sinek, autor de *Comece pelo porquê*, chama de seu "porquê".

Pense de novo na pergunta no início deste livro, sobre ter um milhão em dinheiro (ou qualquer outro grande valor hipotético sugerindo que essa não seria mais a sua necessidade primária). Já entendemos que você não voltaria ao seu emprego ou local de trabalho atual. Então, o que você faria? O que faria com seu tempo se não tivesse mais o fardo de pagar todas as despesas? Muitas pessoas num primeiro momento dão respostas genéricas e superficiais, como: "Eu compraria um carro, uma casa e sairia de férias." Essas respostas, embora sejam boas em si mesmas, carecem de franqueza, de criatividade e, mais importante, de sentido. Não estamos tentando adivinhar a lista de desejos de uma pessoa rica; estamos tentando encontrar nossas paixões e razões mais profundas para estar aqui neste planeta.

Vamos manter a palavra *wa* em mente, servindo de bússola. Nossas paixões mais profundas, coisas que realmente amamos fazer, sempre nos fazem sentir bem. Parecem harmoniosas, fáceis, tranquilas e alegres quando pensamos nelas. Você saberá que está pensando em seus desejos mais profundos quando sentir *wa*.

Em compensação, os pensamentos que fazem você se sentir tenso, agitado, hesitante, com medo, pesado, culpado ou meio nauseado são sentimentos "anti-*wa*". Por exemplo, imagine uma tarefa ou reunião com a qual você já se comprometeu, pois no fundo não queria ir.

Então, vamos começar: recomendo que você pegue uma caneta e papel e separe algum tempo para isso.

Exercício 1: E se?

Pense em coisas que você acha inspiradoras e empolgantes que faria com seu novo tempo livre (você agora está financeiramente seguro); coisas que você só faria em sonhos; coisas que o deixam feliz, alegre, em paz e contente; coisas que o fazem sorrir e se sentir grato por estar vivo quando acorda de manhã. Pense em coisas que fariam você se sentir "leve" ao invés de "pesado"; essas coisas são *wa* e apontam diretamente para o seu porquê de estar vivo. Anote-as.

Vamos continuar investigando e responder a uma segunda pergunta: o que você faria com seu tempo se só lhe restassem seis meses (sem dor) de vida? Mais uma vez, pense no sentimento de *wa*; coisas que fariam você se sentir feliz e realizado. Anote-as.

Vamos acrescentar uma pergunta final: o que você faria se tivesse um milhão, mas apenas seis meses (sem dor) de vida? Você tem todo o dinheiro de que precisa, mas apenas um tempo limitado para usá-lo. Comece a escrever.

Não se apresse nesse processo. Tente pesquisar bem a fundo e descobrir seu propósito.

Não é incomum, com esse exercício, não chegar a nada nas primeiras tentativas. Não estamos acostumados com esse tipo de trabalho criativo e focado em nós mesmos, e seu cérebro pode inicialmente resistir ao processo. A resistência é normal. Criatividade e busca da alma exigem prática, mas se você completar a tarefa obterá respostas.

Quando faço esse exercício, uso o mesmo processo que utilizo para escrever livros: estabeleço um limite de 25 minutos para mim mesmo, faço a pergunta e anoto o que imediatamente me vem à cabeça, sem filtros.

A seguir, faço um intervalo cronometrado de cinco minutos, ajusto o cronômetro para mais 25 minutos e respondo à segunda pergunta. Ao terminar, após outro intervalo de cinco minutos, passo 25 minutos escrevendo minhas respostas à terceira pergunta.

Essas respostas iniciais constituem o primeiro rascunho. Aqui estão alguns exemplos de ideias de minha primeira lista:

Mudar-me para o delta do Okavango para escrever um romance; dominar o solo de guitarra de "Sweet Child of Mine" (afinal, sou cria dos anos 1970) sem cometer um único erro; passar um tempo meditando com o Dalai-Lama.

Sugiro que você repita o processo todos os dias durante uma semana, até chegar a sete esboços.

Conforme o cérebro trabalhar com essas questões, de forma consciente e inconsciente, durante o dia e a noite, ele revelará respostas cada vez mais profundas, às vezes como lampejos de percepções pessoais ou sentimentos positivos.

No final da semana, revise seus sete esboços e observe se algum pensamento, ideia ou palavra se repete em todos eles. Anote-a.

Exercício 2: Momentos de destaque

Agora que você escreveu seus sete esboços, é hora de anotar dez experiências de vida importantes, memórias marcantes ou momentos notáveis de sua vida até agora.

A título de exemplo, aqui estão quatro meus:

1. Quando meus pais me contaram que meu avô Albert havia morrido, abri sete buracos na porta do guarda-roupa com socos e fiquei horas chorando no fundo do armário.
2. O discurso que meu *sensei* de caratê fez sobre mim ao entregar minha faixa preta me comoveu até as lágrimas. Ele honrou meu trabalho árduo, dedicação e espírito de luta.

3. Caminhando de volta ao templo Ryozen-ji, o ponto inicial e final da Peregrinação aos 88 Templos, eu sabia não apenas que havia completado a jornada com sucesso, mas também que a vida nunca mais seria a mesma.
4. Assistindo ao meu filho jogar rúgbi na televisão em um time profissional, percebi que estava vivendo uma visão que tive durante a meditação muitos anos antes.

Com seus dez momentos-chave de vida anotados, examine-os e identifique temas e assuntos em comum.

Por exemplo, repassando as minhas quatro afirmações, você notará um padrão físico (socos, caratê, caminhada, rúgbi), mas também de busca existencial.

Vovô Albert morreu quando eu era criança e isso me assustou. Eu me preocupava muito com a morte quando era jovem e tentava entender que sentido tinha a existência se acabaríamos morrendo de um jeito ou de outro.

Tanto o caratê quanto a peregrinação japonesa foram veículos para a minha compreensão espiritual e pessoal. Eu comecei o caratê não para lutar, mas pelo aspecto da "meditação em movimento" do esporte — que eu não encontrei no Reino Unido, e procurei mais longe. Por fim, isso me levou ao Japão, a percorrer a trilha sagrada — a Peregrinação aos 88 Templos. Foi aí que aprendi que somos basicamente os criadores do nosso próprio destino, e eu disse ao meu filho: "Se quer ser um jogador profissional de rúgbi, vá em frente."

Exercício 3: Sete camadas de por quê

Este é o último dos três exercícios que recomendo para descobrir o sentido de sua vida. Lembre-se, se as respostas gerarem sentimentos de *wa*, você estará no caminho certo para encontrar seu sentido. Se não gerarem, continue procurando até que o façam.

Pense em algo que você deseja e anote.

Por exemplo: eu quero uma casa na praia.

Este é um processo de sete etapas, começando pelo seu desejo.

1. **Pergunta:** Por que você quer uma casa na praia?
   Resposta: Porque quero passear com meu cachorro pela costa.

2. A resposta à pergunta 1 se tornará a pergunta 2.
   Pergunta: Por que você quer passear com seu cachorro pela costa?
   Resposta: Porque adoro ver meu cachorro entrar e sair correndo do mar.

3. **Pergunta:** Por que você adora ver seu cachorro entrar e sair do mar?
   Resposta: ....
   ....

4. **Pergunta:** Pergunte a partir da resposta da 3.
   Resposta: ....
   ....

5. **Pergunta:** Pergunte a partir da resposta da 4.
   Resposta: ....
   ....

6. **Pergunta:** Pergunte a partir da resposta da 5.
   Resposta: ....
   ....

7. **Pergunta:** Pergunte a partir da resposta da 6.
   Resposta: ....
   ....

Pronto. Três exercícios excelentes que o levam a se aprofundar e investigar o seu "porquê" na vida.

Se você for como eu, ficará tentado a só ler as palavras sem fazer os exercícios, supondo que os fará mentalmente ao longo do dia.

Recomendo que não faça isso, porque, por experiência própria, posso dizer que esses exercícios funcionam melhor se lhes der sua total atenção. E se meu conselho não for suficiente, por que não seguir o do nosso jogador de rúgbi de 18 anos: "Se tiver a oportunidade, e perceber que isso será bom para você, faça."

Como dizia minha mãe: *Out of the mouth of babes...*, algo como "a sabedoria da juventude".

O prazer momentâneo, o medo e a fé

A esta altura, em que as cortinas que escondiam a ilusão do dinheiro foram escancaradas, você já deve ter entendido que o dinheiro sozinho dificilmente lhe dará contentamento. Talvez esteja percebendo que uma vida cheia de sentido e de paixão é um indicativo melhor de felicidade e realização.

Mas, mesmo tendo essa noção agora, algumas pessoas talvez ainda estejam se debatendo, presas em seu trabalho atual, e devemos conversar sobre o que motiva isso.

Existe um fenômeno tão único quanto absurdo para a consciência humana: a saber, que, apesar de conhecer o perigo e os danos causados por nossos comportamentos limitantes, ainda assim os permitimos.

Por que um fumante continua fumando, apesar de saber o mal que cada tragada no cigarro sem dúvida lhe causa? Por que o alcoólatra continua bebendo, se entende que cada gole apodrece seu fígado? Por que as pessoas permanecem em relacionamentos disfuncionais, mesmo sabendo, instintivamente, que a próxima semana não será melhor que a anterior? E por que você continua em um emprego ou carreira sobre a qual, na melhor das hipóteses, tem sentimentos conflitantes?

As causas podem ser resumidas em prazer momentâneo, medo e fé.

Vamos analisar uma a uma.

Prazer momentâneo

Uma das principais razões pelas quais continuamos acorrentados a hábitos prejudiciais e a circunstâncias insatisfatórias é que, em algum aspecto, isso tem uma serventia: os hábitos proporcionam algum tipo de prazer. Eles nos dão prazer momentâneo. (Os budistas chamam isso de "ignorância" — a ideia de que se agarrar ao prazer passageiro levará à felicidade e iluminação duradouras.)

Como exemplos, vamos pegar a pessoa que continua fumando, apesar de testemunhar a morte de um membro da família por doença pulmonar relacionada ao fumo; e também o parceiro que permanece no relacionamento apesar do abuso que sofreu. Não é raro ouvir o fumante argumentar que gosta do relaxamento que sente com o hábito de fumar, ou o parceiro com a autoestima ferida admitir que os "pontos altos" do relacionamento superam e muito os "baixos".

Às vezes, ficamos presos simplesmente porque gostamos de estar onde estamos.

E isso é justo: se você está feliz e contente, fique onde está. Não há necessidade de mudar, e talvez você não queira.

Medo e fé

No entanto, há outras pessoas cujos hábitos e comportamentos limitantes não lhes dão prazer algum. Essas pessoas querem mudar de verdade, mas têm muito *medo*, e esse medo vem à custa de sua contraparte, a *fé*.

Medo e fé estão inextricavelmente ligados; a abundância de um com frequência nega o outro.

Por exemplo: se você tivesse fé de que todos os seus desejos seriam atendidos, teria algo a temer? Provavelmente não.

Existe o contra-argumento de que, na realidade, nem todos os desejos são realizados. Todos nós temos desejos não realizados, metas frustradas e sonhos desfeitos. Seria assim tão estranho se a luz de nossa fé se apagasse?

Mas, com uma mudança de perspectiva, não há nada a temer, e não faltam motivos para ter fé. Se você se esforçar para olhar de outro ângulo, verá que seus fracassos, aquelas coisas que você teme, na verdade não são bloqueios para o seu sucesso, e sim um degrau em direção a ele. A fé aparece quando você confia que a felicidade e uma vida plena vêm por causa de seus fracassos, e não apesar deles.

Vamos usar o exemplo de uma artista novata que luta para ganhar a vida com seu trabalho. Por uma perspectiva, com contas cada vez maiores para pagar, parece que cada momento perdido em uma pincelada imprecisa é a confirmação de que é simplesmente muito difícil ganhar dinheiro fazendo o que ela ama; ela cai em uma espiral descendente de desânimo diante das dificuldades que acompanham o desenvolvimento de seu ofício.

Por outro ângulo, tendo uma visão um pouco mais ampla, cada pincelada incorreta é, na verdade, um ponto de referência em direção a uma pincelada correta. Desse ponto de vista, não há "erros": ela está ganhando ou aprendendo. A fé em um processo criativo positivo leva a um estado de espírito mais relaxado que inspira mais criatividade; uma espiral criativa ascendente que leva ao domínio pelo qual os clientes cedo ou tarde pagarão.

Antes de podermos aceitar integralmente essa mudança de ponto de vista, é fundamental compreender que tanto o medo quanto a fé são estados mentais — escolhas que fazemos sobre como vemos o mundo — e cabe a nós direcionar nossos pensamentos a nosso próprio favor.

Jogando para ganhar — ou não perder

Existem na vida apenas duas motivações: jogar para ganhar ou jogar para não perder.

Embora a princípio ambos tenham o mesmo objetivo final — vencer o jogo —, os fatores motivacionais por trás de cada um estão em mundos diferentes.

A mentalidade de quem joga para vencer é progressista, positiva, criativa, corajosa, carismática, calma, poderosa, esperançosa e fiel. Essas pessoas jogam por amor ao jogo e por ganhar o jogo; são orientadas para o "processo".

Em contrapartida, a mentalidade de quem joga para não perder é caracterizada por uma atitude passiva, pela dúvida, estresse, luta e timidez. Essas pessoas costumam ser artificiais e de natureza robótica. Jogam por medo do que está em jogo, caso percam; são orientadas para os "resultados".

Embora os dois grupos participantes do jogo queiram vencer, as razões de cada um são diferentes. Os vencedores estão focados no amor ao jogo em si, que invariavelmente leva ao sucesso, enquanto aqueles que jogam para não perder estão focados nos aplausos e na confirmação do status decorrente da vitória — ou pelo menos, de não perder.

A Dra. Carol S. Dweck é professora de psicologia e pesquisadora chefe no campo da psicologia da personalidade, social e do desenvolvimento. Em seu livro inovador, *Mindset: A nova psicologia do sucesso*, ela descreve dois tipos: "mentalidade de crescimento" e "mentalidade fixa".

Com suas pesquisas, ela concluiu que as pessoas com mentalidade de crescimento acreditam que suas habilidades, aptidões e futuro são um trabalho em andamento, sempre fluido e nunca completo. Cada experiência é uma oportunidade de aprender, crescer e melhorar. Todo fracasso é visto não como uma questão de valor, e sim como uma experiência de aprendizado e um trampolim para o sucesso.

Em total contraste, as pessoas de mentalidade fixa têm uma crença profundamente arraigada de que talento e habilidade são traços fixos e que o aprimoramento é limitado ou impossível: ou temos a sorte de nascer com um "dom" ("Sou um linguista natural"; "Sempre fui bom em esportes"), ou não. Devido a essa visão de que as habilidades são fixas e finitas, elas não tentam desenvolver habilidades para as quais consideram que não têm "inclinação natural". Também defendem veementemente seus "talentos", e muitas vezes evitam situações em que estes possam ser questionados. As pesquisas mostram que essas pessoas escolherão desafios mais fáceis que confirmem suas habilidades, em vez de desafios mais difíceis que possam confirmar lacunas em seus conhecimentos.

Vejamos exemplos disso. Imagine uma criança prodígio: uma criança "muito boa em matemática" que gosta da adoração de seus pais e professores maravilhados. Essa criança se deleita com o poder que exerce sobre seus colegas, a quem deixa para trás com sua genialidade precoce.

Crianças assim demonstram um nível de habilidade matemática acima do normal. Devido à sua tenra idade, suas habilidades são vistas como dons naturais ou "dados por Deus". Elas ouvem dizer que têm "sorte", que são "uma em um milhão". Elas não têm controle sobre sua habilidade natural — deveriam ser gratas por terem nascido assim.

Essa crença em que você tem talento ou não é boa, até que essas crianças talentosas se encontram com outros prodígios — uma ocorrência inevitável em algum momento da vida.

Então, elas serão forçadas a defender seu status "dado por Deus". Quando fracassarem — o que acontecerá de vez em quando em comparação com outros — ou quando se confrontarem com problemas matemáticos que ainda não conseguem resolver, elas acreditarão que seu fracasso indica a chegada ao limite de seus "dons fixos e naturais" e que não têm mais nada a oferecer. A vida estará praticamente acabada, pelo menos enquanto "gênio da matemática". Nesses casos, a capacidade da criança foi prejudicada e a crença em uma habilidade fixa impede melhorias para enfrentar os novos desafios. A criança fica se debatendo com isso.*

Vejamos outro exemplo, de um ambiente totalmente diferente. No boxe, o prêmio mais raro e cobiçado é o recorde de invencibilidade. Dois lutadores esperam ansiosos, em cantos opostos, o começo de confronto.

"Apresentando primeiro", anuncia o locutor de boxe, "lutando no canto azul, com calção colorido e pesando 63 quilos, um jovem que conquistou o ouro olímpico em 1992 e agora ostenta um recorde profissional perfeito de 21 vitórias sem uma única derrota. Senhoras e senhores, do leste de Los Angeles, Califórnia, Oscar De La Hoya". O locutor trabalha sem pressa e se orgulha de enfatizar para a multidão as características de uma "ficha perfeita".

O boxeador que entra no ringue com o recorde de invencibilidade começa a disputa com o favoritismo do público e com uma vantagem mental sobre o oponente. Inúmeras histórias sobre boxe falam de lutadores que foram derrotados por "campeões invictos" enquanto ainda estavam no vestiário, aquecendo-se e amarrando as luvas, muito antes de um único soco ter sido dado.

Uma ficha sem perdas, no entanto, também carrega o fardo de uma mentalidade "fixa". Junto com a intimidação e a

---

* Ironicamente, nos bastidores, em casa, essas crianças muitas vezes são expostas à matemática desde que nascem, por pais motivados a fornecer uma "base acadêmica de qualidade". Na idade escolar, quando o "talento natural" delas é identificado, terão sido expostas a números (por meio de vários jogos, livros, programas de computador e outros) muito mais que seus colegas, muitos dos quais estarão trabalhando com números pela primeira vez. As verdadeiras fontes do "talento natural" da criança são a exposição e a prática.

vantagem mental que acompanham esse tipo de histórico, vem também a pressão de defendê-lo. Nunca faltam rivais jovens e ambiciosos de olho no título, imaginando-se montados nas costas do campeão.

Um recorde de invencibilidade, com toda sua glória e recompensas, logo se torna uma autodeclaração sobre o valor de um boxeador. O trabalho de defendê-lo passa a ser primordial, muitas vezes às custas da paixão antes sustentada pela arte do pugilismo; essa paixão que no começo de tudo levou o lutador ao sucesso.

O lutador não luta mais por amor ao jogo, e sim por medo, para manter uma ilusão instável e frágil que um dia deve se desfazer. Como os budistas e Heráclito dizem: "A única constância é a mudança." Ver um atleta, equipe ou indivíduo jogar o jogo da vida para não perder, em vez de vencer, é desconfortável. Quem gosta de ver um time de futebol colocar todos os seus zagueiros alinhados por noventa minutos para tentar evitar um gol, sem que eles próprios tentem marcar do outro lado do campo? Quem você está pagando para ver na Copa do Mundo: Brasil ou Argentina?

Há algo profundamente insatisfatório em observar ou estar perto daqueles que, por algum motivo, têm medo de pegar o touro pelos chifres. É por isso que, em vez disso, preferimos assistir a palestras inspiradoras, a filmes com protagonistas heroicos e ler livros edificantes. Adoramos ser inspirados por pessoas que vivem suas paixões e dizem aos outros não só que é possível, mas também como fazer. Instintivamente, sabemos que fomos feitos para criar, desabrochou, evoluir e crescer.

O medo nos mantém acorrentados à nossa vida limitada, embora saibamos que isso está acontecendo e que é prejudicial. Ele possui muitos disfarces, mas sempre aprisiona aqueles que sofrem em suas garras. Quer seja o medo de perder algo conquistado (um recorde de invencibilidade) ou de adentrar um futuro incerto para o qual podemos ou não estar prontos, isso nunca libera o nosso melhor eu. A menos que mudemos a maneira como o vemos.

Como nossos estilos de jogo são decididos?

Então, como foi que adquirimos o nosso estilo de jogo atual? Como e quando decidimos jogar o jogo da vida na defensiva, em vez de proativamente? Como foi que adotamos essa mentalidade fixa?

Como acontece com muitos comportamentos nossos, a resposta é que os ganhamos de presente de nossos pais ou responsáveis e do ambiente dominante. Se você for um adulto medroso e sem fé, provavelmente essa mentalidade foi estimulada durante a sua educação.

Ainda bem jovens, nossa mente é como uma esponja; ainda não temos capacidade de discernimento, e absorvemos tudo do nosso ambiente direto sem questionar. Estamos à mercê dos mais velhos; suas crenças, opiniões, pontos de vista, pensamentos e temores.

Pense em alguns pensamentos e crenças que fizeram parte da sua infância e juventude, como: "Dinheiro não dá em árvore"; "Todo centavo conta"; "Estude para ser alguém na vida"; "Poucas pessoas conseguem se dar bem como atletas profissionais, então faça outra coisa, por via das dúvidas"; "Não sou bom com números, matemática não é minha praia". Essas ideias são mesmo suas? Você consegue se lembrar de quando a sua experiência direta formou essas opniões? Provavelmente não. É provável que você tenha herdado essas crenças. *O temor e a opinião de outras pessoas se tornaram o seu hábito.*

Voltemos a falar com Selina Lamy, nossa milionária budista e ex-funcionária do Citibank, que conhecemos no terceiro capítulo do livro.

Anos atrás, quando Selina era estudante e voltou de um ano sabático que passara viajando pela Austrália, seus pais decidiram que ela "precisava ter um emprego quando voltasse". Ela trabalhou por um tempo em uma clínica veterinária e adorou, mas logo se candidatou a um cargo corporativo.

"Quando olho para trás, vejo que deveria ter sido veterinária", diz Selina. "Não me lembro de como ou por que tomei a decisão de procurar um emprego corporativo. *Achei que todo mundo estava fazendo isso, então era o que eu deveria fazer também...*"

Muitas pessoas, como Selina, adotam vidas criadas por outros quando não têm maturidade para tomar as rédeas. Embora seja importante reconhecer a dificuldade dessa tarefa, nunca é tarde demais para recuperar o controle da nossa paisagem mental. Se quisermos, podemos remodelar nosso destino com nossas próprias experiências enquanto adultos, libertando-nos de hábitos formados na infância.

Mudar crenças, pensamentos e hábitos não é tarefa fácil, mas é perfeitamente possível. Você deve se dispor a praticar mais os novos e melhores hábitos do que os antigos, para que possam ser substituídos. Lembre-se de que você vem praticando ser seu "velho eu" há mais tempo do que o "novo eu", portanto seja paciente e persistente. Veremos como fazer isso na terceira parte deste livro.

O medo é seu amigo; a fé é seu dom

Muitos de nós aprendemos que, para manter nossa segurança e proteção, devemos evitar os perigos que despertam o medo. Por ironia do destino, é justamente do perigo e do medo que precisamos para obter a segurança e a proteção desejadas!

Por natureza, somos criaturas com propósitos. Quando não avançamos, ficamos estagnados e morremos.

Tomemos nossos ancestrais caçadores-coletores como exemplo: sem o desejo e a motivação deles para sair da caverna em busca de comida, não estaríamos aqui hoje. Eles teriam morrido de fome se houvessem sucumbido ao medo de sair para caçar.

Milhares de anos depois, sete em cada dez pessoas ainda estão sentadas em suas cavernas metafóricas; empregos dos quais não gostam muito e temem largar por medo de que o mundo lá fora as coma vivas. A estagnação leva à morte, seja mental, física, emocional ou espiritual.

Em abril de 2015, o arcebispo Tutu e o Dalai-Lama se encontraram na Índia para celebrar o 80º aniversário de Sua Santidade e dar uma série de palestras. O tema seria "felicidade duradoura em um mundo mutável". Transcrições selecionadas das palestras foram publicadas posteriormente como *O livro da alegria*.

No livro, o arcebispo Tutu fala sobre o trabalho de um pesquisador de saúde pré-natal chamado Dr. Pathik D. Wadhwa. "Parece que a ciência está confirmando que o estresse e as dificuldades são necessários para o desenvolvimento *in utero*", escreve ele, resumindo algumas das descobertas de Wadhwa.

"Nossas células-tronco não se diferenciam nem se tornam o que somos se não houver estresse biológico suficiente para isso."

"Se quiser ser um bom escritor", prossegue o arcebispo, "isso não vai acontecer se ficar só indo ao cinema e comendo pipoca. Você tem que se sentar e escrever, o que pode ser muito frustrante às vezes; mas, sem isso, você não obterá aquele bom resultado".

Os budistas resumem essa ideia de uma forma um pouco mais nítida com a primeira de suas quatro nobres verdades: "Toda vida é sofrimento." Isso ficou claro para mim, anos atrás, quando era aspirante a tenista profissional e torci o tornozelo ao me estirar para pegar uma bola em uma quadra de tênis na Flórida.

Fui mancando para a sala do fisioterapeuta e aprendi algo interessante. Exceto no caso de uma fratura grave, você cura um tornozelo mais rápido andando com ele do que recorrendo a muletas ou evitando usá-lo.

Contanto que a dor não fosse insuportável, o fisioterapeuta disse que, usando o tornozelo machucado, o fluxo de sangue e de nutrientes essenciais seria estimulado e a articulação se curaria depressa e se recuperaria por completo. Se, por outro lado, eu continuasse evitando pôr meu peso sobre ele, o sangue e os nutrientes seriam mandados para outra parte, para outras áreas carentes do corpo. Isso levaria a uma lesão crônica e recorrente no tornozelo, que eu havia visto acontecer com alguns colegas jogadores de tênis.

A mesma coisa ocorre no espaço sideral. Por causa do ambiente sem gravidade, os ossos de um ser humano perdem massa, porque não precisam mais se apoiar contra a gravidade. Não há estresse gravitacional.

Em compensação, na Terra a gravidade aplica uma carga mecânica constante ao sistema esquelético. Isso faz com que ossos saudáveis mantenham a densidade necessária para sustentar o corpo. A ação leva ao crescimento e ao aprimoramento. Meu antigo professor de patologia capturou essa ideia em poucas palavras com sua muito apreciada frase: "Use ou perca!" Continuando com os exemplos de tornozelos e células-tronco *in utero*, o que é que estamos perdendo ao não ignorar o estresse e o medo da incerteza para seguir a carreira que adoramos? O que sacrificamos quando nos contentamos em cumprir outros que não os nossos ideais mais elevados, ou em não expressar as nossas paixões mais profundas? Nossa alma, é isso o que perdemos; a própria essência do que significa ser humano, em vez de um robô.

A anatomia do medo

Em dias distintos, duas mulheres enfrentaram o mesmo agressor.

Enquanto uma mulher atravessava as quadras esportivas abertas depois de sair da estação de trem, um homem se aproximou dela e perguntou as horas. Sem hesitar, ela puxou a manga para revelar seu relógio e lhe dar a informação.

O homem pegou o relógio, arrancando-o do pulso dela, pegou-a pela garganta e exigiu que passasse também a bolsa. Paralisada de medo, ela não podia fazer nada, e ele saiu correndo com a bolsa e o relógio.

Em outro dia, o mesmo agressor, no mesmo local, tentou enganar outra mulher com a mesma pergunta. Mas dessa vez, quando tentou pegar o relógio dela, ela o pegou pelos cabelos com a mão livre e o xingou enquanto o esbofeteava e chutava.

Ao ouvir o barulho, os transeuntes correram para ajudar. A essa altura, o agressor precisava mais de ajuda que a mulher.

Esses dois exemplos não são de estratégias de autodefesa. Eles falam do medo, e de como ele pode se manifestar de maneira tão diferente em pessoas diante de um mesmo cenário.

Medo é uma palavra que usamos para descrever as sensações físicas desagradáveis que temos quando enfrentamos uma ameaça genuína ou suspeita. A sensação física: frio na barriga, visão estreita, suor nas palmas das mãos, fraqueza nas pernas e falta de ar são apenas alguns dos sintomas de dois hormônios poderosos secretados no corpo em preparação para o perigo. Esses hormônios são o cortisol e a adrenalina. Os hormônios são basicamente um supercombustível humano. Eles preparam o corpo para ser magnífico diante da adversidade, para que possamos sobreviver e prosperar para ver outro dia.

Ambas as mulheres deviam estar o corpo cheio de cortisol e adrenalina ao enfrentar o agressor, mas por que uma ficou paralisada e a outra cheia de energia? Mais uma vez, para citar meu antigo professor de patologia: "Use ou perca."

Com o corpo cheio de energia e ansioso para agir, o supercombustível hormonal deve ser "ativado" para ser benéfico. Pense em um antílope assustado correndo de um leão — ele coloca o pé no acelerador metafórico e usa cada gota de adrenalina e cortisol para escapar das garras e dentes cravados em seu flanco. Nesse cenário, ele está com a bateria carregada e pronto.

Por outro lado, cada segundo que esse supercombustível passa inutilizado em nossa corrente sanguínea torna-se um fardo pesado — como ouro no leito de um rio — e ficamos paralisados, inativos.

Correr ou lutar: se não usarmos a adrenalina, perderemos seus benefícios. É como acontece com um animal que fica paralisado diante dos faróis de um carro que se aproxima.

Se não conseguirmos nos envolver nas batalhas da vida, a força interna que nos foi concedida para sobreviver e prosperar permanecerá adormecida. Se não a usarmos, perderemos seus benefícios. Temos que agir.

Se quisermos ter uma vida de trabalho rica e significativa, teremos que ser corajosos. Precisamos compreender que o medo e o estresse são nossos amigos. São um coquetel de super-hormônios projetados para alimentar nosso sucesso, e não indicadores de covardia. Temos que ativar a adrenalina e o cortisol, o coração e a alma, a mente e o corpo, e tomar medidas imediatas assim que sentirmos frio na barriga e nervosismo.

O grande Nelson Mandela disse o seguinte sobre o medo: "Aprendi que coragem não é a ausência de medo, mas o triunfo sobre ele. O homem valente não é aquele que não sente medo, mas aquele que vence esse medo."

Motivações para a ação: Tragédia, desespero e escolha

Às vezes somos forçados a enfrentar nossos medos; encurralados em um canto onde a única saída é encontrar a melhor versão de nós mesmos, como explica Selina Lamy: "Meu trabalho sempre teve altos e baixos, mas chegou lá embaixo e não subiu. Eu não estava ganhando nada com isso; só sabia que tinha que mudar algo. Eu não conseguia mais ficar ali fazendo aquilo. Estava infeliz e voltava para casa mal-humorada e exausta.

"Então o mundo virou de cabeça para baixo. Meu irmão, que eu sabia que tinha câncer, foi piorando depressa. Eu ficava com ele todo fim de semana, e [o câncer] havia tomado o cérebro dele. Ele perdeu a mobilidade e a lucidez, e no dia 3 de novembro morreu.

"Depois que Jason faleceu, senti que a vida dele havia sido curta demais, e eu sabia que havia coisas que ele queria fazer, mas que nunca mais faria. Então pensei que não era bom ser escravo do dinheiro corporativo. Isso não é o suficiente. A vida é curta demais. Devo ao meu irmão tentar viver uma vida maravilhosa, porque ele não pode mais."

Há uma história budista que também enfoca o potencial da morte como um catalisador para mudanças significativas. Ela fala de uma mulher cujo filho jaz morto em seus braços.

Atormentada e frenética, ela carrega a criança pela aldeia, pedindo ajuda.

Vendo a morte no rosto da criança, os moradores ficam tristes por dizer à mãe que não podem ajudar. Um, entretanto, sugere que ela visite o Buda.

Colocando a criança aos pés do Buda, a mãe implora para que ele traga o filho dela de volta à vida.

O Buda diz à mulher que, para curar seu filho e sua tristeza, ela deve voltar à aldeia e pegar um grão de mostarda em cada casa que nunca conheceu a morte.

Com lágrimas escorrendo pelo rosto, ela bate de porta em porta, mas só ouve: "Lamento, não podemos lhe dar um grão de mostarda; a morte já visitou esta família." De volta aos pés do Buda, agora segurando seu filho morto nos braços uma última vez, ela por fim entende a lição sobre a inevitabilidade da morte.

Ouvimos esse tipo de história com frequência — a tragédia servindo como um catalisador para a mudança —, seja em um texto religioso ou em uma história pessoal. Assim como Mandela, o arcebispo Tutu e Pathik Wadhwa, o pesquisador de saúde pré-natal, atestam: o estresse às vezes é necessário para a mudança.

No entanto, não é necessário uma tragédia para motivar a mudança; uma escolha simples é suficiente para atingir o objetivo. Mas posso quase garantir que, ao sair da sua zona de conforto, você vivenciará estresse, dor e dúvida financeira.

Nesses momentos difíceis, pode ser útil ter em mente esta passagem de W. H. Murray de seu livro de 1951, *The Scottish Himalayan Expedition*:

Até que alguém se comprometa, há hesitação, a chance de recuar, sempre ineficaz. Em relação a todos os atos de iniciativa (e criação), há uma verdade elementar, cuja ignorância mata inúmeras ideias e planos maravilhosos; que no momento em que alguém definitivamente se compromete, a Providência também se move... Todo um fluxo de eventos resulta da decisão, movimentando em seu favor todos os tipos de incidentes imprevistos, e reuniões, e assistência material, que nenhum homem poderia ter sonhado encontrar em seu caminho.

Para Murray, sua fé na "Providência" foi suficiente para conduzi-lo em meio ao medo e à dúvida. Eu me perguntei, na época e também agora, qual é a "Providência" que se move para apoiar os bravos?

Naturalmente, cada um dos nossos três pilares tradicionais de pensamento tem sua opinião: a religião pode chamá-lo de Deus, a ciência pode preferir a teoria da "evolução e seleção natural", e a filosofia pode escolher seguir uma linha intermediária, em algum lugar entre as duas.

Sinceramente, não posso confirmar qual força, seja mecânica ou divina, entra em jogo quando se manifestam os desejos dos bravos. Gostaria de saber, mas não sei. Só posso dizer que algo trabalha a nosso favor quando acendemos em nós as chamas da paixão e do sentido.

Por ora, talvez sua ação seja confiar que o que eu digo é verdade, até você experimentar o sucesso vezes suficientes para acreditar de todo o coração e para que sua fé floresça.

Mas qual seria a alternativa? Ficar preso onde está para sempre, olhando por cima da cerca a vida que você sonha que poderia viver? Confie em mim, pule a cerca. Vai ficar tudo bem. Verei você do outro lado, onde algumas informações importantes estão à sua espera para tornar o processo mais fácil.

Parte III

O caminho do milionário budista

O caminho entre o dinheiro e o sentido

Parabéns. Você escolheu pular a cerca. Você e eu já percorremos um bom caminho juntos, e sou grato por sua companhia. Começamos esta jornada no caminho do dinheiro — é uma estrada que a maioria trilha, sem notar que existem alternativas. Tendo aceitado que o caminho do dinheiro pode não nos levar ao grau de satisfação que esperávamos, tomamos o caminho do sentido em busca de um sentido mais profundo para nossa vida.

No entanto, apesar do conhecimento de que a vida é mais que dinheiro, não se pode negar que uma vida com sentido por si só não é suficiente. As contas continuarão caindo em nossas caixas de correio, indiferentes à nossa vida motivada por um sentido; os bancos continuarão cobrando suas taxas, indiferentes aos de nossos valores.

Na Parte III, continuaremos nossa jornada juntos em um caminho intermediário, andando entre os extremos do sucesso financeiro e as motivações mais profundas. Será uma forma de respeitar as realidades de se viver em um mundo material moderno, com todas as suas demandas, e ao mesmo tempo honrar paixões e propósitos profundamente arraigados. É o caminho do milionário budista.

Mas, primeiro, precisamos nos preparar com um pouco mais de conhecimento.

Existem nove lições que compõem a espinha dorsal do caminho do milionário budista, conforme me foi revelado quando fiz a Peregrinação aos 88 Templos.

Conforme declarado na introdução deste livro, embora as lições tenham sido aprendidas durante uma trilha budista, não é necessário ser budista para apreciá-las — apenas humano. Elas são igualmente aplicáveis a qualquer raça, etnia, cor, credo, gênero ou denominação religiosa.

Mas antes de explicar as nove lições, gostaria de dizer algumas palavras sobre o caminho em si.

Em japonês, a palavra para caminho é *dō*. O kanji (o pictograma caligráfico) para a palavra *dō*, como tantos outros escritos em japonês, pode ter uma infinidade de significados. Mas só dois nos dizem respeito aqui.

O primeiro significado é um tanto mundano e se traduz como "estrada" — literalmente, o cascalho e o solo de uma estrada ou caminho.

O segundo tem uma conotação mais espiritual e se traduz como "caminho" — um caminho que guia a jornada da vida.

Trilhar um caminho no espírito de *dō* é fazer mais do que usá-lo como um meio de ir de A a B. Trilhar um *dō* é aceitar o caminho e seu destino final e se comprometer de todo o coração com eles. Assim, o *dō* se torna um modo de vida, em vez de um atalho para um objetivo; é o meio e o fim.

Talvez você reconheça o *dō* em algumas palavras japonesas que se tornaram parte do nosso próprio léxico ocidental: judô: a arte marcial japonesa de arremessar um oponente; aikidô: outra arte marcial, mas notável por seus movimentos giratórios, na qual os oponentes são jogados no chão aparentemente sem muito esforço; shodô: a bela arte japonesa da caligrafia com pincel; kendô: a arte da luta com espadas de bambu; zendô: uma sala de meditação japonesa.

Percorrer um caminho *dō* é arte, com todas as nuances, equilíbrio sutil e imprevisibilidade que ela implica. Como tal, o *dō* nos conecta àquela "grandeza" que toca todos os artistas; aquela fonte de todas as coisas da qual emanamos.

Assim como as pinceladas do calígrafo japonês (shodô) giram e voam, e os braços e corpo do artista marcial (aikidô) giram e viram, o mesmo acontecerá com a sua jornada no caminho em que estamos embarcando.

Não tenha pressa. Curta cada passo. Sinta o cheiro das flores pelo caminho e colha os frutos no final.

A arte da peregrinação

Fazer uma peregrinação é *dō*. As pessoas fazem peregrinações há milhares de anos: a Peregrinação aos 88 Templos no Japão, Lourdes na França, o Caminho de Santiago na Espanha, o Caminho dos Peregrinos na Inglaterra, ou o Caminho de Abraão no Oriente Médio, apenas para citar alguns.

Empenhar-se para viajar, muitas vezes por centenas de quilômetros, até locais sagrados e santuários é uma das práticas espirituais mais poderosas e eficazes disponíveis para qualquer um que esteja em busca de respostas para as confusas questões da vida.

Caminhar é algo tão antigo quanto a própria humanidade. Inicialmente, caminhar do ponto A ao ponto B era, por necessidade, um meio de transporte humano, mas qualquer um que já tenha praticado caminhada (orientada ou não) ou trilha pode atestar que caminhar traz muito mais benefícios do que a mera locomoção.

John Muir (1838-1924) é um dos conservacionistas mais famosos e influentes da América e um pioneiro ambiental. Particularmente na Califórnia, ele é um ícone e muitas vezes citado como "o profeta do deserto".

As palavras e ações de Muir ajudaram a inspirar os inovadores programas de conservação do presidente Theodore Roosevelt, incluindo o estabelecimento de dezessete monumentos nacionais, como o mundialmente famoso Grand Canyon e o homônimo de Muir, o Muir Woods.

Muir era conhecido por suas emocionantes aventuras em Sierra Nevada, Califórnia, e nas geleiras do Alasca.

"Milhares de pessoas cansadas, nervosas e supercivilizadas estão começando a descobrir que ir para as montanhas é voltar para casa. A natureza é uma necessidade", disse Muir sobre o valor de estar na natureza, presumidamente a pé.

Cem anos depois e mais perto de casa (Londres), Ian McClelland ergueu a chama da viagem no deserto e está iluminando a vida daqueles que caminham a seu lado.

Ian é um homem interessante; cheio de vida e paixão, e um oponente habilidoso nos tatames do jiu-jítsu (uma arte marcial baseada na luta-livre), que foi onde o conheci.

Como todas as pessoas de caráter, forjado por meio de experiência direta, honesta e arduamente conquistada, ele é rápido em minimizar suas realizações e lento para rufar os tambores em seu louvor; ele se formou muito depressa na área de saúde. Ian é um homem de ação. Ele trilha o caminho, literalmente.

Ian lidera pequenos grupos de pessoas em expedições para alguns dos destinos naturais mais inspiradores do mundo, incluindo Nepal, Islândia e Finlândia. Seu interesse não está no esporte de montanhismo focado em objetivos, e sim na experiência da peregrinação que faz mudar vida e alma, e na comunhão com a natureza em seu estado mais puro. "Qualquer um pode caminhar", diz Ian; "está ao alcance de todos".

"Quando estamos caminhando pelas montanhas, não temos o zumbido constante de celulares, TV, internet e propagandas dizendo o que devemos ou não vestir.

"Em vez disso, incutimos as montanhas neles [os caminhantes], e o termostato de realidade muda."

Ian é um dos muitos exemplos neste livro de pessoas que fazem o que amam e ganham a vida com isso. Ele é um excelente exemplo de homem que encontrou o equilíbrio entre dinheiro e sentido, até porque sua paixão também beneficia os outros.

Há profundos benefícios a serem obtidos com o silêncio prolongado e a solidão que tanto a peregrinação quanto a comunhão com a natureza proporcionam.

Imagine uma jarra fechada cheia de água, com um pouco de lama no fundo. Se você pegasse a jarra e a sacudisse, teria uma versão lamacenta do globo de neve de Natal de uma criança. Esse é um símbolo da nossa mente, que exploraremos com mais detalhes mais à frente.

Antes da peregrinação, durante a monotonia da vida diária, talvez nem notemos o caos em nossas jarras lamacentas metafóricas. Com frequência, estamos ocupados demais pensando em nossas rotinas.

Durante os primeiros estágios da peregrinação (para mim, foi nos primeiros catorze dias), há silêncio suficiente para notar que existe uma jarra.

Com um silêncio contínuo e uma vida sem distrações, ficamos curiosos sobre o conteúdo dessa jarra — toda essa lama girando para um lado e para outro dentro da água. Não havíamos percebido antes que nossos pensamentos eram tão díspares e fragmentados.

Com mais silêncio e uma vida simples, podemos notar que nossos pensamentos turbulentos estão por fim começando a desacelerar, assim como a lama se acomoda no fundo da jarra quando ela não é mais agitada. Não estamos mais aumentando a turbulência pensando demais nas coisas, e paramos de checar nosso status nas mídias sociais ou de nos preocuparmos com as últimas notícias.

Muito mais tarde, à medida que mais e mais pensamentos turvos se acomodam, a água se torna mais clara e começa a refletir uma sensação de poder confiável e calmo que sempre esteve ali, em nós, mas que foi obscurecido pelo pensamento turvo.

Este é nosso eu mais profundo — nossa alma, nossa natureza de Buda, nossa chama interior, Deus, nosso lugar feliz. Os nomes não importam, porque quando nos abrirmos para esse "eu", reconheceremos a essência; parecerá menos uma descoberta e mais um reencontro com um velho amigo que sempre esteve ali, só um pouco fora de vista. Essa é a mesma essência que sentimos quando olhamos para o céu, o mar ou uma chama. É a fonte de acaso e providência de que W. H. Murray (a quem nos referimos no sexto capítulo) fala em seu livro, e que Ian usa para ajudar a "'reiniciar' suas equipes de caminhantes"; é a fonte do seu poder pessoal, o poder no qual você passará a confiar para ajudá-lo a viver a vida e a realizar o trabalho dos seus sonhos.

Ao percorrer o caminho do milionário budista, nós nos reuniremos com esse poder pessoal e também utilizaremos as seguintes nove lições-chave reveladas a mim durante a minha peregrinação no Japão.

Usei essas mesmas lições, junto com a reconexão regular com meu poder pessoal, para arquitetar minha própria vida bem-sucedida, e as ofereço aqui para que você faça o mesmo, se desejar.

As lições são:

1. Comece de onde está
2. A arte do "um passo de cada vez"
3. Quando o aluno está pronto, o professor aparece
4. A arte do mínimo esforço
5. A arte da meditação
6. A lei do carma
7. Moedas invisíveis
8. Amor, gratidão e o coração (sutra)
9. Você tem o que é preciso

Falarei delas com mais detalhes na próxima parte do livro. Agora, você já deve ter certeza do seu destino. Os exercícios de "encontrar seu *wa*" terão ajudado você a determinar o sentido e a paixão que será seu novo "trabalho". Se você ainda está pensando nisso, não se preocupe; esse é um processo em constante evolução, e até mesmo os leitores mais decididos podem muito bem ter que mudar sua rota à medida que avançam.

Lição 1
Comece de onde está

"Eu sou o que sou."

SHIRLEY BASSEY

Dizem que "uma viagem de mil quilômetros começa com um só passo", mas essa máxima está incompleta; existem passos antes desse momento tão importante.

Antes que qualquer passo possa ser dado, temos que decidir aonde queremos ir — no mesmo caso, em direção a um trabalho significativo e lucrativo. Também é essencial reconhecer e aceitar o ponto de partida da nossa aventura. Então, e somente então, estaremos devidamente equipados para começar.

Há muitos anos, quando eu estava abrindo minha empresa — uma clínica de shiatsu nos arredores de Londres —, recebi alguns conselhos do marido da minha professora de língua japonesa. Eiko é uma senhora japonesa maravilhosamente elegante que me conduziu ao sucesso nos exames do idioma e me apresentou a seu marido, Jim, a quem tratei devido a dores nas costas. O shiatsu é uma terapia corporal manual de origem japonesa. É um híbrido de alongamento, massagem, fisioterapia e osteopatia embasado na teoria médica tradicional do Leste da Ásia — meridianos, pontos de pressão, chacras etc. O shiatsu é, em sua essência, acupuntura sem agulhas.

Quando Jim foi meu paciente, minha prática de shiatsu era feita em uma "clínica móvel". Com um futon amarrado nas costas, eu ia às casas em Londres e nos arredores consertando costas, arrumando joelhos, aliviando enxaquecas, acalmando mentes e dando conselhos sobre uma vida saudável. Eu adorava. Até que chegou a hora de expandir meus horizontes e arranjar um local permanente para oferecer meus tratamentos, e Jim foi fundamental para o meu sucesso — mas não de uma forma que me agradou.

Na casa dos sessenta e poucos anos, Jim criou, desenvolveu e depois vendeu vários negócios de muito sucesso — todos por somas da ordem de seis ou sete dígitos. Grandes empresas o recrutavam como consultor e solucionador de problemas. Jim me deu conselhos simplesmente porque, acho eu, gostava de ver as pessoas tentando assumir o controle de seu trabalho e vida profissional e de impulsionar a evolução financeira delas; mas podia ser tão franco quanto benevolente.

Certa semana, depois de terminar sua sessão de shiatsu, Jim me perguntou como andava minha nova clínica. Eu disse que estava indo muito bem, legal, tranquilo. Ele permitiu essa resposta genérica uma única vez.

Na próxima vez que ele perguntou sobre minha nova clínica e lhe dei um resumo vago e aleatório, ele me encarou nos olhos e me mandou ir até sua mesa para pegar uma caneta e uma folha de papel.

"Matt", disse Jim, sem tirar os olhos de mim, "como vão os negócios?". Então, ele me mandou escrever no papel o número de clientes que havia atendido na clínica na semana anterior. Eu escrevi três, e não consegui encará-lo de volta.

A verdade era que minha "grande jogada comercial", minha ascensão de terapeuta de shiatsu itinerante a empresário sério com minha clínica particular, não estava seguindo como eu esperava. Jim sabia disso. Eu também sabia, mas tinha vergonha de admitir para ele; e, mais importante, para mim mesmo.

"Anotar os fatos não é julgar a si mesmo", ensinou-me Jim, "mas como você pode esperar ser bem-sucedido se não consegue admitir franca e abertamente o que precisa mudar? Escrever deixa a coisa concreta, inegável. Depois de saber onde está, você sabe o que precisa fazer para chegar aonde deseja".

Foi uma lição de vida e de negócios que me acompanha desde então e que me trouxe muitas recompensas. Onde quer que nos encontremos na vida, é certa e apropriada. Somos quem somos a todo momento, e é impossível ser outra coisa. Se pudéssemos ter feito melhor, teríamos feito melhor. Se pudéssemos estar em uma posição melhor na vida, estaríamos em uma posição melhor na vida. A preocupação ou a negação não mudam os fatos.

Descendo do avião após chegar ao Japão às 2h da manhã de uma fria manhã de fevereiro, fiquei diante dos portões trancados do templo de Ryozen-ji, o primeiro dos 88 templos que constituem a famosa peregrinação.

Enquanto estava ali, congelando, percebi que não sabia quase nenhum detalhe sobre a jornada que tinha pela frente. Eu praticamente havia tomado a decisão de fazer a peregrinação em uma noite, por um capricho e sem fazer nenhuma pesquisa profunda. Seguindo o conselho de Jim e enfrentando uma situação em que a negação teria sido fútil, fiz um inventário franco da minha situação. Admiti para mim mesmo que não sabia literalmente nada sobre a tarefa que tinha pela frente. Eu estava prestes a pisar, quase às cegas, em um caminho sobre o qual nada sabia, mas queria seguir, de qualquer maneira.

Esse reconhecimento da minha ignorância pelo menos permitiu que eu me fortalecesse, que "mordesse meu protetor de gengiva", como dizem os boxeadores em uma luta impossível, e me preparasse para a árdua jornada de autodescoberta que estava por vir.

Assim como eu tentei blefar com Jim sobre o meu negócio, poucos de nós estamos preparados para sermos sinceros com nós mesmos e com os outros sobre como está atualmente nossa vida. É como se tivéssemos medo de admitir nosso "status", caso não corresponda às expectativas arbitrárias dos outros e confirme nossa falta de sucesso. Suspeito que, ao enterrar a cabeça na areia, estamos tentando evitar a dolorosa verdade de que ainda não estamos onde queremos estar ou não somos quem queremos ser. Então, ignoramos onde estamos, exageramos nosso sucesso ao recontar as histórias e postamos só nossas melhores fotos e status nas mídias sociais.

No entanto, essa negação das circunstâncias nada faz para melhorar nossa situação; tudo que faz é conquistar uma infinidade de curtidas vazias em uma postagem no Facebook. Quando negamos onde estamos, também negamos a nós mesmos o acesso às habilidades de pensamento crítico, motivação, energia e providência que são mobilizados para sairmos de onde estamos e irmos aonde queremos estar.

O primeiro passo para criar uma vida profissional pela qual você seja totalmente apaixonado pode ser apenas admitir que, neste momento, não está onde gostaria. E tudo bem. É um ótimo começo, sincero, de onde o único caminho é para cima.

Talvez você ache o seguinte exercício útil. Preencha as lacunas nestas frases:

> Eu, [seu nome]_____, atualmente ganho a vida como [seu trabalho atual]_____
> _____ e acho que [seus sentimentos a respeito]_____
> _____; para ser sincero, o que eu realmente gostaria de fazer é [escreva onde você deseja estar e o que deseja fazer]_____
> _____.

Aqui está um exemplo, se por acaso se sentir travado:

> Eu, *Fred Flintstone*, atualmente ganho a vida *fazendo pinos quadrados para orifícios redondos* e acho que *isso é muito chato e cansativo*; para ser sincero, o que eu realmente gostaria de fazer é *escrever um livro sobre o bem-estar dos dinossauros*.

Aceitação, autoestima e a tragédia ocidental

Dukkha é uma palavra em sânscrito* usada no budismo e que pode ser traduzida aproximadamente como "insatisfação". Os budistas a usam para descrever o estresse, ansiedade e sofrimento que ocorrem, sem falha, muitas vezes durante o curso de nossa vida. *Dukkha* abrange o estresse decorrente de tentar mudar ou manipular coisas que não podem ser controladas — encaixar pinos quadrados em orifícios redondos, por assim dizer. Isso, para a maioria de nós, é o ponto crucial da nossa insatisfação diária — a fonte profundamente enraizada do lugar nenhum por todo lado, de que falamos na Parte I.

O conceito de *dukkha* pode ser visto em muitos lugares. *Keeping up Appearances* foi uma série de televisão britânica da década de 1990 e um artigo de primeira necessidade de entretenimento para muitos britânicos agora na casa dos quarenta. A série mostrava os infortúnios de uma mulher da classe trabalhadora, Hyacinth Bucket ("Bouquet", como Hyacinth sempre corrigia), enquanto ela lutava para conquistar uma posição entre os escalões mais altos da sociedade. Como uma paródia, é hilária, porque até certo ponto todos nós podemos nos reconhecer um pouco na necessidade de Hyacinth de "ser como os outros".

Nossa mente é uma coisa bonita; a consciência humana é uma dádiva maravilhosa que nos separa do restante do reino animal. Mas esse elixir do pensamento crítico também pode ser um veneno. Quando em equilíbrio, nossas faculdades cog-

---

* Sânscrito é a antiga língua do budismo.

nitivas nos permitem criar, evoluir, sonhar e tanto definir quanto atingir metas. No entanto, desequilibradas, elas podem nos destruir com estresse, medo, dúvida e insatisfação — e nos fazer rolar ladeira abaixo rumo ao descontentamento profundo.

A sociedade e as economias modernas nos incitam ao descontentamento e nos atraem a uma luta sem fim; se não estamos "crescendo" ou "sendo como os outros", estamos fracassando e ficando para trás. Essa é a psicologia oculta lançada contra nós por empresas com estratégias de vendas que nos incentivam a "fazer upgrade". FOMO — *fear of missing out*, ou o medo de estar perdendo algo — é outra tática de marketing usada contra nós, por exemplo, em anúncios ou promoções que sugerem que "os estoques são limitados" ou que "esta oferta dura apenas três dias".

A sugestão tácita é que, se perdermos o "modelo mais recente" ou "o novo superdispositivo", estaremos em falta ou seremos inferiores. A maioria de nós já caiu nessa teia de consumo esperando, impotente, que a aranha nos alimente com a oferta vazia seguinte. Pensando assim, não estamos muito melhores que um dependente químico esperando a próxima dose.

Quando isso acontece, caímos inegavelmente em *dukkha*. Não aceitamos, inclusive negamos onde estamos e, em vez disso, compramos "coisas" para criar a ilusão de que estamos em um lugar melhor.

O antídoto para *dukkha* é a autoaceitação, e sua contraparte é o contentamento, mas ambas são artes que devem ser cultivadas. É preciso prática, habilidade e esforço para resistir à tentação de se autoflagelar a cada pequena indiscrição, falha ou fragilidade em nossa constituição. Paradoxalmente, sem autoaceitação e contentamento é quase impossível definir e atingir metas. Temos que aprender a equilibrar a aceitação de onde estamos na vida com aonde queremos ir, sem sofrermos por ainda não termos chegado. Esse paradoxo me atormentou por muitos anos, até sua resolução durante a Peregrinação aos 88 Templos.

Um dos principais ensinamentos do budismo é que nossa batalha e empenho (o que os budistas costumam chamar de "apego") é o que leva ao descontentamento e à infelicidade. Ficamos ruminando o passado ou nos preocupando com o futuro, perdendo, assim, a dádiva que é o único tempo que pode existir — o presente.

Por muito tempo temi que seguir uma vida de aceitação e contentamento — o caminho budista — significaria ter que abandonar todos os objetivos, e que assim eu estaria destinado a viver em uma espécie de névoa hippie sonâmbula desprovida de qualquer ambição. Adoro definir metas e alcançá-las; isso me faz sentir vivo. Acho que o esforço e a evolução são uma homenagem à maravilha da vida. Tenho certeza de que Charles Darwin teria concordado.

Mesmo assim, durante os 88 templos, aprendi que a autoaceitação e o contentamento não nos impedem de tentar melhorar nossa posição na vida; eles nos liberam para fazer isso mais facilmente.

Foi um insight que me veio mais ou menos na metade da peregrinação. Eu me sentei ao pé da escada de um dos templos que visitei, tirei minha mochila das costas e comecei a comer uma dessas laranjas grandes e suculentas (*mikan*) que crescem em abundância em Shikoku. O insight veio do nada, como muitas vezes acontece: os budistas fizeram a peregrinação aos 88 templos em busca da iluminação durante centenas de anos, e a iluminação não era também um objetivo? Não era uma forma de descontentamento e avidez? Sem dúvida, um monge satisfeito, aceitando sua posição na vida, simplesmente teria ficado no templo meditando.

Então percebi que a lição sobre apego não era sobre não realização; isso seria impossível. Desde que a primeira célula se dividiu em duas, temos nos empenhado e buscado outro amanhã, talvez melhor. Faz parte da ordem natural. A lição budista sobre o apego, então, não é encorajar uma inércia sem ambição, e sim a autocriação e a reinvenção, só que sem o estresse, a culpa e a dúvida a que nos acostumamos. Dessa forma estaremos jogando por amor ao jogo, em vez de temer a perda. E isso é bom. Na verdade, é magnífico. É a fonte do frio na barriga que sentimos quando pulamos cedo da cama para uma vida profissional que valorizamos sem restrições. Cheios de amor e paixão pelo que fazemos, não há espaço para o negativo; só o positivo e o sucesso têm um jeito divertido de acompanhar o alegre.

Vencedor do *MasterChef*

Uma das minhas coisas favoritas ao escrever este livro foi entrevistar muitas pessoas que, cientes ou não disso, estão trilhando com sucesso o caminho do milionário budista. Uma dessas pessoas é Dhruv Baker.

Em 2010, Dhruv Baker, nascido no México e criado na Índia, abandonou seu emprego em vendas de mídia para participar do programa de sucesso da BBC, *MasterChef*. Ele ganhou com criações culinárias deslumbrantes, deliciosas e cheias de paixão. Dhruv é um exemplo perfeito de um milionário budista, e teve insights valiosos sobre outras pessoas de sua área igualmente realizadas e bem-sucedidas:

"São todos loucamente apaixonados, sempre têm um sorriso no rosto, são bem-sucedidos ao extremo nos termos que por tradição consideramos o sucesso, que é invariavelmente retorno financeiro", disse Dhruv. "Mas na verdade o dinheiro é uma coisa secundária. Alguns deles têm mais grana do que consigo imaginar. Mas eles ainda trabalham porque amam o que fazem."

Tradicionais indicadores financeiros do sucesso são o que tantos de nós buscamos para "ser como os outros", muitas vezes às custas da nossa felicidade. Fiquei imaginando, junto com Dhruv, se esses indicadores poderiam ser diferentes.

"Há uma escala", disse Dhruv; "de um lado, temos o indicador tradicional de sucesso — dinheiro —, e do outro, alguém como o meu fornecedor na França, um velho mais louco do que qualquer pessoa que conheço. Ele tem um terreno de 0,8 hectare onde cultiva produtos extraordinários, com um sabor diferente de tudo que você já experimentou.

"Esse velho francês trabalha cerca de oito meses por ano. Sua vida não muda em nada quando não trabalha. Depois de trabalhar esse tempo, ele fica sentado, bebendo café e fumando, e é perfeitamente feliz. Se você dissesse: 'Aqui estão 10 milhões de libras para aumentar sua produção', ele o olharia como se você fosse louco.

"Ele está profundamente satisfeito. Não que ele tenha se acomodado ou desistido de se esforçar. Acho que isso seria um desserviço para ele. Ele está em paz e feliz.

"Para esse tipo de pessoa, o lado financeiro da vida é irrelevante. Acho que às vezes as pessoas precisam ter o lado financeiro para compensar o fato de que levam uma vida vazia", concluiu Dhruv.

Sua história ajuda a destacar um dos pontos-chave deste capítulo: a felicidade não é exclusiva dos contentes, assim como o sucesso não é exclusivo dos que têm objetivos. É possível e aceitável ser um ou ambos. Se você deseja se esforçar e ganhar dinheiro, sem problema; se deseja trabalhar alguns meses do ano e passar o resto tomando café, por que não? O denominador comum, no entanto, é uma vida vivida com paixão, em vez de medo, e estar contente e ser sincero com as decisões que você toma, sejam elas elevadas ou não.

Agora que você avaliou abertamente o ponto de partida da sua jornada e olhou para frente, para onde ela pode terminar, é hora de descobrir como enfrentar uma tarefa gigantesca.

Lição 2
A arte do "um passo de cada vez"

"Como se come um mamute? Um bocado de cada vez!"

Provérbio

"Nants ingonyama bagithi Baba Sithi uhm ingonyama..."

Lebo M, "O ciclo da vida"

Essas palavras em zulu no início da canção de *O Rei Leão*, "O ciclo da vida", provocam um arrepio na espinha e sinalizam o início de uma procissão de animais que caminham, serpeiam, saltam e dançam pelos corredores do teatro, quase tocando os cotovelos dos espectadores atordoados e cativados. Pelas próximas duas horas e meia, o público ficará paralisado diante das cores sedutoras e sons gloriosos do musical de sucesso e se perderá no faz de conta do entretenimento.

Eu estava na plateia com minha esposa para ver George Asprey interpretar o leão vilão da peça, Scar. É um papel que ele desempenha há mais de dez anos, um tempo incomumente longo para peças de teatro no West End, que em geral não duram mais de seis meses. Fiquei fascinado ao saber, por George, como ele conseguia manter seu papel tão vibrante, apaixonado e crível depois de todo esse tempo.

"Eu nunca deixei de ansiar por ir trabalhar", disse-me George depois. "Claro que há dias em que sua voz não está boa. Quando minha voz não está muito boa, é como se eu tivesse um joanete no pé; é meio doloroso, e você sabe que a apresentação vai ser difícil. Mas nunca tive essa sensação de 'Nossa, não quero ir trabalhar hoje'."

Essa é a habilidade principal de um ator ou atriz habilidosa: dar tanto de si que o público se perde em sua atuação.

"Como ator, acho que você não pode dar como certo que vai emocionar o público", diz George. "Mas muitas e muitas vezes, quando estou voltando para casa de trem, sentado no vagão com uma família que acabou de assistir ao espetáculo, vejo que estão entusiasmados e as crianças estão eufóricas.

"O teatro oferece muito mais do que só duas horas e meia de produção. É uma peça ao vivo, é totalmente envolvente, e quando o público está pegando fogo e rindo de tudo e ouvindo cada piada, isso faz seu coração fervilhar; você sobe no palco com confiança, amor e respeito pelo público, e tudo mais. A relação é simbiótica.

"Então, quando você sente que pode afetar alguém com seu desempenho, quando vê alguém afetado pelo que você fez e ouve as pessoas dizendo: 'Chorei muito no final', é por causa do que você fez. Você provocou emoção em outro ser humano. Em seu relacionamento, você pode fazer isso. De certa forma, temos um relacionamento com o público."

A maneira como ele fala sobre seu trabalho parece quase profética, e quando perguntei a George sobre isso ele respondeu: "Fico meio hesitante em usar a palavra 'religioso', mas acho que há algo de espiritual nisso." A paixão de George por sua arte e o sucesso subsequente claramente o qualificam como um milionário budista. Mas foi outra coisa que me atraiu para entrevistá-lo.

Atuar é uma dessas carreiras criativas, como cantar, ser atleta profissional, escrever e pintar, que é notória por ser quase impossível ter sucesso; e com a qual muitos sonham, mas poucos realizam.

Diante da gigantesca tarefa de "vencer no mundo do entretenimento", muitos desistem de seus sonhos e se contentam com carreiras que simplesmente pagam as contas, ou diminuem suas expectativas e se contentam com muito menos do que antes desejavam. Exceto George. E eu queria saber seu segredo. Assim como muitos outros, George se sentiu atraído pela atuação desde cedo: "Desde que era criança, eu sempre fazia peças na escola, imitava as pessoas e sempre fui o palhaço da turma, de certa forma. Acho que eu sabia o que seria desde os três anos de idade." Ele explicou sua rota de A para B, depois que terminou os estudos:

- Aos 19 anos, após um breve período no Exército, George se mudou para os Estados Unidos para fazer faculdade de Administração.
- Nos Estados Unidos, no tempo livre que tinha na faculdade, e por diversão, ele fez outro curso: Acting101.
- Depois de participar de uma peça no Acting101, ele foi abordado por uma mulher que recomendou que voltas-

se a Londres para estudar na Lamda (London Academy of Music and Dramatic Art, ou Academia de Música e Arte Dramática de Londres), com o objetivo de seguir a carreira de ator.

- Em 1990, George se formou na Lamda e conseguiu seu primeiro trabalho profissional como ator em pantomima, interpretando "Maggie the Cow".
- Depois de por fim receber sua carteirinha da Actors' Equity Association, George passou os quatro anos seguintes interpretando vários papéis em produções de teatro musical, como *Guys and Dolls*, *The Sound of Music* e *Scrooge*.
- Então, George foi premiado com um pequeno papel no filme *Frankenstein*, de Kenneth Branagh.
- Depois de *Frankenstein*, foi-lhe oferecido seu primeiro papel principal em um filme (*The Dying of the Light*), pelo qual foi indicado ao prêmio Bafta.
- Ele trabalhou por vários anos no "circuito de TV" em várias produções, antes de conseguir outro papel principal em um filme — *O melhor jogo da história* — sobre golfe.
- Em 2006, George voltou ao palco do teatro musical para fazer o papel de Billy Flynn no musical *Chicago*.
- Foi depois de *Chicago* que George ganhou o papel de Scar em *O Rei Leão*.

Quando você pensa no "caminho para o estrelato" de George, é evidente que foi longo e difícil até seu merecido sucesso. Ele não foi uma criança prodígio destinada ao estrelato imediato. George estudou, trabalhou (frequentemente em papéis medíocres), aprendeu, trabalhou e estudou de novo, até que, por fim colheu os frutos de seus anos de serviço como ator. Como você pode ver, não houve nenhum atalho.

Quando se aprende sobre a realidade das jornadas de sucesso de outras pessoas, é fácil se sentir oprimido pela quantidade de tempo, sangue, suor e lágrimas necessários para escalar uma carreira difícil. Ao mesmo tempo, temos a tendência de ouvir e anotar só as partes interessantes de qualquer história: o início e o fim. No entanto, é no "meio cansativo" que o sucesso é alcançado, e essa é a razão pela qual passei um tempo neste livro tentando ajudá-lo a descobrir as paixões da sua vida. A vida tem seus momentos difíceis, e quando curtimos o caminho que escolhemos seguir é mais fácil sobreviver à jornada nos tempos difíceis. Por outro lado, se nossas escolhas forem meramente baseadas na última moda ou passatempo, será quase impossível reunir motivação para superar inclusive as menores lombadas pelo caminho.

Os longos quilômetros intermediários, marcados por inícios inspirados e fins comemorativos, são onde passaremos a maior parte do tempo nessa jornada. Na Peregrinação aos 88 Templos, uma representação microcósmica da vida, o Templo 1 representa o nascimento, e o 88 a morte; o resto são os anos intermediários. Qualquer pessoa que testemunhou os primeiros dias mágicos após o nascimento de seu filho pode atestar quão depressa teve que abrir caminho para os anos árduos de rotina depois de voltar do hospital.

No entanto, essa admissão da realidade do "meio cansativo" não macula a vida; na verdade, eu argumentaria que confirma sua majestade. Uma vez que a excitação inicial de um relacionamento romântico acaba, em seu lugar — além do ronco, roupas largadas no chão e tubos de pasta de dente sem tampa — há um amor profundo, rico, maduro e maravilhosamente "comum" que é tão maravilhoso quanto rotineiro. Essa profundidade é uma mercadoria rara no mundo moderno de cliques, zumbidos e dedos passando pela tela que exalta as virtudes vazias da gratificação imediata.

A verdade é que a vida é um trabalho árduo. Que bom. Nada significativo jamais vem sem esforço. Isso não quer dizer que a vida seja uma odisseia deprimente; de jeito nenhum. Quer dizer que ela tem lições maravilhosas que só podem ser apreciadas se você se comprometer a jogar por tempo suficiente para aprendê-las.

Enquanto eu caminhava os 1.400 quilômetros entre o Templo 1 e o 88, percebi algo que George deve ter notado em seus muitos anos desde o início de sua carreira como ator. Diante de tarefas gigantescas e desafios aparentemente intransponíveis, há apenas uma coisa que podemos fazer: dar um passo de cada vez. Para George, seus passos pavimentaram o caminho desde palhaço da turma até indicado ao Bafta e muito mais. Para mim, cada passo me levou mais perto do próximo templo e das aulas que ele reservava.

O que tudo isso significa para você? É simples: uma vez que você tenha se decidido sobre o trabalho, carreira ou negócio que realmente adoraria ter, é provável que o tamanho da tarefa pela frente lhe pareça opressor. Nesse caso, concentre-se apenas no próximo passo à sua frente.

Nesse meio-tempo, esqueça o "quadro geral" de seus maiores sonhos e restrinja sua atenção ao aqui e agora, ao menor passo ou ação imediatamente à sua frente. Não se preocupe se focar no mundano vai sufocar sua criatividade; não vai. Uma infinidade de passos simples leva a terras exóticas e invisíveis. O coração da vida bate forte tanto em um passo quanto em muitos.

Fazer as coisas passo a passo pode significar que abandonar um emprego, sobre o qual você é ambivalente, e partir para a carreira dos seus sonhos será gradual, e não imediato.

Sempre fui uma pessoa que pulava com os dois pés em direção aos meus objetivos e desejos, confiando que a vida me pegaria em sua rede de segurança invisível. Mas esse método extremo de mudança não é para todos, e como acontece com todas as coisas, existem muitos caminhos para o sucesso. George sugeriu uma abordagem mais sutil (e mais sensata). "Não pare o que você está fazendo. Não corte a cabeça e espere que o corpo continue vivendo. Basta fazer mudanças aos poucos", disse ele.

"Por exemplo, nos fins de semana, em seu tempo livre, corra atrás da sua paixão. Veja se consegue começar a ganhar algum dinheiro com isso. Veja se as pessoas gostam da sua paixão e se pode começar a pagar as contas com o dinheiro ganho dessa forma. Depois vá aumentando, aumentando, aumentando, até por fim chegar um momento em que você terá que abandonar seu emprego atual.

"Acho que é muito importante fazer isso de uma maneira que você não se force a enfrentar dificuldades financeiras."

Ótimo conselho de alguém que já passou por isso.

Vamos dar uma olhada em um exercício que o ajudará a pensar nesses pequenos passos tão importantes.

Pegue uma folha de papel e vire-a para que fique na posição de paisagem à deitada sua frente.

No canto esquerdo do papel, escreva a sua ocupação atual; por exemplo, "Estou trabalhando na fábrica de widgets da Bartholomew".

No canto direito do papel, escreva aonde você deseja chegar. Seja ousado, não economize em seus ideais. Por exemplo, "Sou um escritor premiado e best-seller sendo caçado por todas as editoras do planeta!".

Desenhe uma linha reta entre os dois.

Começando em sua meta final, vá retrocedendo:

- Sou um escritor premiado e best-seller.
- Ser aceito por uma editora que adora meu manuscrito, que me apoia e tem capacidade de levar meu livro a muitos leitores.
- Arranjar um agente que encontre um editor que adore meu manuscrito.
- Pesquisar sobre como encontrar um agente.
- Trabalhar em meu manuscrito para que seja bom o suficiente para chamar a atenção de um agente.
- Inscrever-me em um curso de escrita que ensine estrutura, diálogo e ritmo.

Consegue ver o objetivo desse exemplo? Divirta-se com esse exercício; não é uma ciência exata, porque, claro, a vida nunca pode ser totalmente planejada, mas vai ativar seu cérebro para encontrar respostas criativas.

Continue voltando até chegar a algo que você pode fazer hoje, que o levará um passo mais perto do seu sonho. Esse passo pode ser pequeno, como ler um post em um blog sobre escrita criativa, encomendar um livro sobre escrita ou simplesmente escrever um blog você mesmo e aprender conforme avança (algo que eu recomendo muito).

Todos nós adoramos a alegria decorrente de completar uma tarefa, não importa quão pequena seja. Essas pequenas vitórias são viciantes, de um jeito positivo, e logo você descobrirá que seu comprometimento consistente com elas se transformará em avanços significativos na montanha dos seus desejos.

Mas às vezes, mesmo depois de aceitar a ideia de "um passo de cada vez", surge um problema: percebemos que, na verdade, não sabemos qual pode ser o próximo passo. Nesse caso, precisaremos da orientação da Lição 3.

Lição 3
Quando o aluno está pronto, o professor aparece

Eu destranquei a porta da frente e encontrei um silêncio agourento. Nossa Jack Russell terrier, Smudge, estava sentadinha, me encarando com olhos arregalados e uma expressão confusa na cara. "Olá!", gritei, sem saber ao certo onde estava Sheri, minha esposa. Procurei nos lugares onde costumo encontrá-la quando chego em casa, mas não esperava ver o que vi.

Sheri estava em nosso quarto, sentada no chão, do outro lado da cama, chorando com as mãos no rosto. No começo, não a vi; foi Smudge que a denunciou quando pulou na cama e latiu na direção dela. "O que aconteceu?", perguntei, preocupado e temendo o pior.

"Eu simplesmente não sei o que fazer", soluçou Sheri.

Os quatro estágios de aprendizagem

O processo de aprendizagem recebeu nomes diversos em momentos diferentes. Em 1969, o instrutor de gestão Martin M. Broadwell se referiu aos estágios de algo chamado "modelo de psicologia"; em 1970, o psicólogo Noel Burch descreveu o modelo como "os quatro estágios para aprender qualquer nova habilidade", e começou a usá-lo enquanto dava aulas de coaching empresarial em comunicação e relações humanas.

O modelo de psicologia compreende quatro estágios pelos quais todos nós passamos quando aprendemos algo novo. São eles:

1. **Incompetência inconsciente:**
   Nesse primeiro estágio, a pessoa simplesmente não sabe que não sabe; ela desconhece o seu déficit de conhecimento, possivelmente, inclusive, a necessidade de aquisição de uma nova habilidade.

2. **Incompetência consciente:**
   No estágio 2, o indivíduo reconhece que possui habilidades deficientes em uma área específica e pode compreender a importância de adquiri-las. Ele agora sabe que não sabe, e a jornada de aprendizagem pode começar.

3. **Competência consciente:**
   O indivíduo sabe fazer algo, mas sendo iniciante nesse aprendizado ainda requer altos níveis de concentração para executar a habilidade. Nessa fase, ele consegue usar a habilidade, mas ainda não é natural.

4. **Competência inconsciente:**
   O indivíduo é tão versado na habilidade que pode usá-la sem pensar. Não só isso: também pode fazer isso enquanto executa outra tarefa. A habilidade é como uma segunda natureza para ele. Está "no sangue", por assim dizer.

Quando você entra em um novo mundo, ambiente, domínio ou carreira, torna-se um iniciante de novo. A Peregrinação aos 88 Templos, que é tortuosa e não linear (como, por exemplo, o Caminho de Santiago), termina em Ryozen-ji, o Templo 1, onde tudo começou. O simbolismo disso não deve ser visto sem exageros: no final de uma jornada como adeptos, começamos outra como novatos. Se ousarmos nos recriar, sem exceção, essa é a ordem das coisas. Com a atitude e a compreensão corretas, é também onde se encontra a diversão.

Sheri, com as mãos no rosto, chorava, suspensa no limbo entre os dois primeiros estágios do modelo de aprendizagem. Ela era novata em um novo mundo e simplesmente não sabia o que precisava fazer. Isso a deixou apavorada.

Sheri vem de um passado no magistério; ambos os pais eram professores, e era meio inevitável que ela seguisse os passos deles, apesar de sua resistência superficial de adolescente a seguir no "negócio da família".

"Minha mãe dizia: 'você deveria ser professora', e eu dizia: 'não, não quero'", explicou Sheri.

"Então chegou o momento da experiência de trabalho, eu tinha uns 16 ou 17 anos, e todos nós tínhamos que arranjar um emprego. Acabei indo parar em uma escola chamada Northdene, onde minha mãe era vice-diretora. Pensei: 'Bom, vou tentar, é só por duas semanas'.

"Acabei gostando muito", admitiu, "e eles até me deixaram dar aula por alguns dias, quando um professor ficou doente.

"Comecei a pensar que na verdade era isso que eu deveria fazer. Então entrei na faculdade de formação de professores e, três anos depois, tirei minha qualificação."

Sheri lecionou em tempo integral por mais de vinte anos, trabalhando com uma ampla gama de pessoas — a maioria crianças — em diversos países ao redor do mundo, incluindo África do Sul, Emirados Árabes Unidos e Reino Unido. Ela tem um jeito de ensinar às crianças que algumas pessoas chamam de "dom", e é uma daquelas professoras que ficam carinhosamente gravadas na memória de um aluno até a idade adulta (todos nós temos um; o meu foi o sr. Lee, meu professor de rúgbi).

Por isso, foi um choque para a família dela quando, não faz muito tempo, ela decidiu mudar de carreira e ser artista.

"Minha mãe teve um treco quando eu disse que ia largar meu emprego de professora", disse Sheri.

"Eu não estudei arte na escola, só superficialmente, mas sempre fui fascinada por isso", admitiu.

"Quando era mais nova, minha família tinha uma amiga, uma vizinha chamada Lynne Barry. Eu era babá dos filhos dela e, mais tarde, cuidei da casa para eles também. Eu sabia que Lynne era artista, gostava de ver suas obras pela casa quando estava lá.

"Uma vez, Lynne me convidou para participar de um curso de arte de oito semanas que ela daria em sua casa, e eu decidi tentar. A princípio pensei: 'Não vou me sair bem', mas acabei fazendo algumas peças boas. O mais importante é que realmente gostei."

Embora ainda esteja nos primeiros estágios de sua nova vida como artista, Sheri tem uma característica em comum com todos os outros milionários budistas deste livro: ela está disposta a dizer "sim" às oportunidades e às novas experiências que a vida oferece, mesmo sem a garantia de que será bem-sucedida.

Impermanência

Se você passar mais de cinco minutos em qualquer plataforma de mídia social, em algum momento um meme como estes aparecerá em seu feed ou timeline: "Isso também vai passar", "A única constância é a mudança", "Ninguém pode entrar duas vezes no mesmo rio" etc. Quase todos esses aforismos acabam sendo atribuídos à fonte errada, mas a máxima por trás é importante: de que a vida está em fluxo contínuo. Esse é um dos ensinamentos mais essenciais do budismo. O ensinamento budista da impermanência (*mujō*, em japonês) ensina que todas as coisas, sejam materiais ou mentais, estão em um estado constante de mudança entre nascimento, crescimento, decadência e morte (e renascimento, de uma forma ou de outra).

Sendo budistas ou não, essa é uma lição inegável fácil de observar ao nosso redor quase o tempo todo: a mudança das estações; o nascimento, vida e morte de amigos e familiares; o botão, a flor, o fruto e o eventual caroço de maçã jogado na lata de reciclagem depois do almoço.

Para Sheri Lennon, a primeira grande mudança aconteceu quando ela tinha cerca de quinze anos de carreira docente.

"Dei aula na mesma escola em Londres por todo esse tempo e, para ser sincera, cheguei o mais longe que poderia profissionalmente.

"Recebi um telefonema de alguém em Omã, no Oriente Médio, perguntando se eu estaria interessada em ajudar a abrir algumas creches e pré-escolas em Salalah, ao sul de Omã. Aparentemente, fui recomendada para isso devido a minha experiência em educação infantil. Então aproveitei a oportunidade. Achei que era hora de mudar."

Sheri abriu mão de seu emprego em Londres e se mudou para Omã, pronta para iniciar seu novo projeto.

Ela sabia que seria muito diferente trabalhar no Oriente Médio, porque sua mãe trabalhava lá havia catorze anos. Culturas diferentes têm maneiras diferentes de operar, e parte do prazer de trabalhar no exterior é se aclimatar a novos procedimentos, políticas e processos. "Mas quando ainda não havia recebido um centavo depois de quatro meses de trabalho, um alarme disparou na minha cabeça", disse ela.

O que se seguiu foi uma batalha prolongada entre Sheri e seu empregador, simplesmente para receber seu salário. "Chegou um momento, quase seis meses depois, em que tive que reduzir os danos e voltar para o Reino Unido — sem um centavo de salário e dívidas de aluguel, alimentação e passagens que tive que bancar do próprio bolso (com um pouco de ajuda do meu marido). Prometeram que eu seria ressarcida, mas nunca fui."

Felizmente, a antiga escola dela a recebeu de braços abertos, feliz com o retorno de sua professora "estrela" e ansiosa para apoiá-la depois dos choques emocionais sofridos com a experiência.

"Fiquei muito grata à escola e, claro, sabia que não teria meu cargo de diretora de volta, pois já havia sido preenchido. Então, aceitei o cargo de professora. No começo adorei."

Mas, como diz o ditado, é muito difícil "entrar duas vezes no mesmo rio", e passos retrógrados, embora dados com boa intenção, muitas vezes são prejudiciais.

"Gosto de ser chefe e de ter a liberdade de me governar e controlar minha vida", diz Sheri.

"E embora eu fosse grata à escola por me deixar voltar, tanto eles quanto eu sabíamos que não daria certo por muito tempo. Eu me lembro de meu chefe me encorajando a trabalhar por conta própria; então, foi o que eu fiz."

Lá estava ela, com apenas seis semanas de um plano ousado para "agitar as coisas" e tentar "criar algo do nada". Ela ganharia a vida fazendo arte. Muitas pessoas, incluindo familiares e amigos próximos, questionaram sua atitude ousada, sugerindo sutilmente que talvez ela pudesse começar com algo para o qual fosse mais apta.

"Eu me casei com esse homem há cerca de dez anos", disse ela, apontando para mim com um sorriso irônico, "que vive segundo a filosofia de que você deve fazer o que ama, e que sempre acaba valendo a pena. Pareceu o momento certo de ousar."

O muro

Lá estava eu, olhando para Sheri, sentada com a cabeça entre as mãos, soluçando e dizendo que não sabia o que fazer e que a culpa era minha!

Sheri tinha dado de cara com o muro — assim como acontece com muitos daqueles corajosos o suficiente para adentrar o desconhecido. Ela se sentira estimulada desde o início pela emoção e a empolgação de um recomeço, mas agora estava começando a entender que, como novata, simplesmente não sabia o que precisava saber para subir o próximo degrau da escada. Ela nem sabia qual seria esse próximo degrau.

A vida tem um jeito engraçado de funcionar. E também uma maneira fantástica de fornecer a informação seguinte, exatamente quando precisamos dela. Não sei como isso funciona — pelo menos não cientificamente —, mas testemunhei isso muitas vezes em minha vida e na de outras pessoas, e com consistência suficiente para sugerir que é algum tipo de "lei".

Durante minha Peregrinação aos 88 Templos, essa lei — que quando o aluno estiver pronto, o professor aparecerá — se manifestou da forma mais literal possível.

Como Sheri, também mergulhei em um ambiente sobre o qual sabia muito pouco além de que era algo que eu desejava. Depois de alguns dias de peregrinação, já exausto de caminhar doze horas por dia e oprimido pela saturação cultural que pode afogar quem visita o Japão, parei em frente a um templo e entrei em pânico.

Que diabos eu esperava obter com essa viagem? Eu havia voado quase 10 mil quilômetros para quê, exatamente? Qual era o objetivo da peregrinação? Ela poderia mesmo mudar minha vida? Como tirar o máximo proveito dela? Teria eu cometido um erro enorme e excessivamente romântico ao acreditar que a autorreflexão poderia fazer a diferença em pleno século XXI?

Todas as minhas respostas vieram de um homem: Hajime San. Hajime apareceu enquanto eu estava naquele templo; e em apenas três dias, ensinou tudo o que eu precisava saber para fazer do resto da peregrinação uma das experiências mais marcantes e assertivas que já tive. E Sheri também estava prestes a encontrar seu professor salvador.

Deixe que as coisas venham até você

Uma das decisões que Sheri tomou no início foi alugar um pequeno estúdio para poder trabalhar livremente, sem os limites incertos e as distrações que muitas vezes existem quando se trabalha em casa. Ela gostou de montar seu espaço: colocar suas obras nas paredes, organizar o lugar e conhecer artistas vizinhos.

Kjell Folkvord é um experiente artista norueguês com um estúdio a três portas de Sheri. Ele é um homem gentil, com um sorriso caloroso, olhos ávidos e, como muitos escandinavos, uma inteligência perspicaz. Ele ajudou a dar as boas-vindas a Sheri em sua nova arte "lar longe de casa", e formaram uma amizade instantânea.

Vários dias depois do momento sombrio de dúvida de Sheri, Kjell apareceu no estúdio dela. Ele passou um tempo olhando a arte eclética que adornava as paredes e os espaços de trabalho do estúdio de Sheri.

"Você parece estar procurando seu estilo", disse Kjell. "Não o procure, deixe que venha até você." A voz calmante dele foi o suficiente para tranquilizar a confiança abalada de Sheri, e ela decidiu continuar trabalhando com sua arte — e inclusive inscreveu-se em uma feira anual.

As feiras de arte de fim de semana são eventos fabulosos, mas implicam longos dias, com fluxo e refluxo de espectadores e clientes por todo o sábado e o domingo. Entre os períodos em que hordas de pessoas lotam o estande de um artista, há momentos em que não há ninguém, e não há muito o que fazer. Em um desses momentos, Sheri decidiu desenhar e colorir um pouco, só para passar o tempo.

Ela desenhou alunos e outras pessoas que conhecia ou havia conhecido; edifícios que ela adorava; animais de lembranças de acampamentos da infância na selva de Botsuana com sua família. Ela desenhou muito, todo tipo de coisa. Sem que ela percebesse, um estilo estava surgindo naquele fim de semana, pelo qual as pessoas lhe pagariam muito bem. E não só isso: seria o início de sua carreira como ilustradora de livros infantis.

Sheri tinha dado de cara com o muro antes daquela feira, quando simplesmente não sabia qual seria seu próximo passo; e a vida, de um jeito engraçado, lhe deu uma resposta e direção.

É impossível prever como surgirão a ajuda e a orientação de que você precisa, mas elas virão. Quando você percebe que não sabe qual deve ser seu próximo passo e aceita isso, a vida lhe mostra o caminho.

Depois de um tempo, você começa a confiar nesse processo e perde um pouco do medo provocado pelo mergulho no desconhecido. Eu agora procuro ativamente identificar as coisas que não sei, para ver aonde me levam. Talvez você ache esse exercício útil. Para mim, tem sido.

O que eu não sei?

O objetivo deste exercício é ajudá-lo a estabelecer o hábito de buscar ativamente, e até mesmo aprender a curtir, coisas que você não conhece. Por exemplo, identifique uma área da sua vida profissional que esteja "travada". Talvez você tenha desenvolvido um programa de ensino digital e esteja vendendo menos do que o esperado, e não faz nem ideia do motivo. Talvez você continue sendo preterido para aquela promoção no trabalho, embora acredite que deveria estar subindo na carreira. Talvez você continue perdendo, na última fase, aquele papel tão importante em uma peça, apesar de ter ido bem em todos os testes anteriores.

Não importa qual seja o seu problema, e não faz mal que você ainda não saiba a resposta. A habilidade que você está tentando desenvolver neste exercício é ser sincero sobre onde está (Lição 1) e ter a confiança para declarar a sua ignorância (Lição 3), para que o próximo passo seja revelado (Lição 2).

É como se a declaração do nosso "travamento" — uma aceitação de que ainda não temos tudo planejado — nos abrisse para soluções. Podemos relaxar, não mais presos à tensão de precisar estar certos, e nossa humildade recém-descoberta abre o caminho para recebermos orientação, seja qual for a forma que assuma. Depois de identificar suas áreas "travadas":

1. Admita-as para si mesmo.
2. Anote-as.
3. Admita-as para um amigo ou familiar.
4. Espere pacientemente, relaxe e "ouça" as soluções ou respostas que aparecerão.

Lição 4
A lista das coisas a "não fazer" — A arte do mínimo esforço

Tenho uma notícia maravilhosa: a vida vai dar certo, com ou sem a sua interferência. Não acredita em mim? Tente decorar as mais de quinhentas funções do seu fígado; veja se consegue garantir um clima perfeito para o seu churrasco de verão; veja como as ervas daninhas continuam crescendo em seu jardim, apesar das muitas horas gastas removendo tudo.

A lição deste capítulo é uma das mais importantes, e, se você a aplicar, curtirá muito mais o seu caminho para o sucesso no trabalho do que se tentar controlar tudo.

A lição é simples (mas não deve ser confundida com fácil). É a seguinte: não se esforce tanto assim para atingir seus objetivos profissionais. Na verdade, essa é a iteração negativa da lição; a versão positiva é: relaxe, deixe-se levar, curta a jornada e acredite que você vai chegar aonde quer, mais cedo ou mais tarde.

No mundo de hoje, como vimos, trabalho árduo, ambição, determinação, desempenho acadêmico e sacrifício (pela causa) não são só admirados, mas também esperados.

Faça o teste você mesmo. Pergunte a alguém que conhece, que sabe que está "estressado" ou só "meio tenso", sobre os planos dele para o dia seguinte. É provável que essa pessoa comece a falar de uma grande lista de afazeres, anotados ou na cabeça dela. Essas pessoas estão ocupadas sendo ocupadas, e muitos de nós temos culpa disso. É como se, abrindo caminho por uma lista colossal de tarefas mundanas, pudéssemos ganhar um pouco de autoestima por nossos esforços de autoflagelação. Temos orgulho do nosso trabalho, mesmo que não seja a melhor maneira de trabalhar. Pense em algumas frases que muitos de nós crescemos ouvindo e introjetando: "Nada vem sem sacrifício"; "Dinheiro não dá em árvore"; "Pare de sonhar acordado, seja realista"; "Trabalhe mais". Todos nós conhecemos essas advertências ou variações delas. A implicação é que trabalho árduo e esforço colherão recompensas, ao passo que devaneios e buscas criativas são melhores para desfrutar em dias chuvosos (outra maneira de dizer que são ideais preguiçosos).

Embora qualquer jornada de sucesso certamente envolva um grande esforço, podemos aliviar o fardo trabalhando não com mais afinco, e sim com mais inteligência.

Muitas das pessoas entrevistadas para este livro demonstram, em graus variados, a lição de que menos é mais. E ninguém faz isso melhor do que Charles Negromonte.

A arte suave

Charles é um belo rapaz de 27 anos, de queixo quadrado, natural de Paulista, uma pequena cidade litorânea em Pernambuco, na costa leste do Brasil. Ele parece forte, e é mesmo, mas não é isso o que mais impressiona. É antes a maneira como ele não usa a sua força.

Charles é um competidor de nível mundial e professor de jiu-jítsu brasileiro, uma arte marcial de origem japonesa baseada na luta-livre, praticada por muitos brasileiros.* Ele também foi corajoso o suficiente para colocar a paixão acima do lucro e, em troca, a vida lhe proporcionou a oportunidade de fazer carreira lutando.

"Quando decidi fazer o que faço [jiu-jítsu], embora tivesse o apoio de todos, fiquei muito tempo sem ganhar dinheiro", disse Charles com seu forte sotaque brasileiro, ainda suando depois de sair dos tatames de jiu-jítsu para me conceder uma entrevista.

"Mas o que faço é algo muito maior do que só um meio de ganhar dinheiro. Eu me apaixonei por isso, e não me vejo trabalhando das nove às cinco todos os dias. Quando eu era adolescente, disse a mim mesmo: 'Não quero ter essa vida de trabalhar das nove às cinco; preciso encontrar um caminho diferente.' E então, descobri [o jiu-jítsu], e o dinheiro veio depois de muitos anos."

---

* Em 1914, o especialista japonês em judô e jiu-jítsu Mitsuo Maeda veio para o Brasil, onde fez amizade com um empresário chamado Gastão Gracie. Maeda ensinou as habilidades da arte ao filho de Gracie, Carlos, que continuou a transmiti-las a outros membros da família. Com cada iteração de Maeda a Gastão, a Carlos e além, as técnicas foram se tornando um pouco mais "brasileiras". E assim nasceu o jiu-jítsu brasileiro.

Ganhar dinheiro com um esporte ou uma arte marcial como o jiu-jítsu não é fácil. Existem dois meios principais de renda possível: dar aulas ou competir. Normalmente, leva muitos anos para estabelecer as habilidades e a plataforma necessárias para ser bem-sucedido em qualquer um deles. Muitos desistem muito antes de seu sonho de ganhar a vida nessa área se concretizar. Mas não Charles. Seu compromisso inabalável em criar uma vida que ele preza valeu, ao que parece, os anos de esforço.

"Adoro dar aulas, mas acho que a parte mais importante de toda essa jornada é a qualidade de vida que você tem. Algumas pessoas que trabalham das nove às cinco todos os dias não gostam do que fazem. Acho que elas sentem tristeza e sofrimento por dentro.

"A vida é curta demais, e daí você trabalha a maior parte da vida fazendo algo que não ama. Não entendo isso. Vejo pessoas todos os dias chegando e reclamando do trabalho. Até as pessoas que ganham muito dinheiro reclamam. Ainda reclamam! E o ano passa, e elas continuam reclamando! Mas não fazem nada para mudar", disse Charles.

Embora este capítulo foque na arte do mínimo esforço, não há como escapar do fato de que ainda é necessário muito esforço para ser bem-sucedido na vida.

Obviamente, não é fácil para um bebê de tamanho médio se espremer para passar por um canal vaginal, que não é largo o suficiente, e respirar pela primeira vez (acho que a maioria das mães concordaria com isso). E não é mais fácil para um broto tenro abrir caminho entre as lajes de concreto que pavimentam seu acesso à luz. O que quero dizer não é que a vida não seja um trabalho árduo; é que não precisamos tornar as coisas mais difíceis do que já são. Nossa tendência a tentar controlar resultados que estão além do nosso controle é fútil. Inventar soluções, trabalhar mais do que o necessário ou simplesmente ir contra a ordem natural das coisas tornará a situação pior — ou, pelo menos, desperdiçará tempo e energia.

Isso é fácil de notar ao ver Charles competindo ou ensinando jiu-jítsu para iniciantes.

O nome jiu-jítsu se traduz como "a arte suave". Como em todas as traduções japonesas, é necessário olhar para além do significado superficial para compreender melhor as nuances. Embora uma investigação mais aprofundada da palavra *jitsu* ofereça apenas duas traduções possíveis com significado semelhante ("arte" ou "técnica"), outras traduções de *jiu* são mais reveladoras.

Além de significar "suave", o *jiu* de jiu-jítsu também pode significar "macio", "elástico", "flexível", "maleável" ou "dócil" — todas palavras que ficam em extremos opostos às metodologias praticadas por devotos de artes marciais e também por muitos de nós, que defendem o "sem sacrifício nada se consegue" e "treinar mais para ser mais forte". Você pode ver esse contraste intensificado quando um iniciante dá seus primeiros passos nos tatames de treinamento de jiu-jítsu.

Farei um rápido tour pela arte para que você possa entender melhor o que vou falar; e, mais importante, vou mostrar como esse conhecimento é relevante para garantir ou criar um trabalho significativo que pague bem (e não, não tem a ver com atacar seu chefe!).

Não há socos, chutes ou qualquer outra forma de agressão no jiu-jítsu. É uma arte que usa a alavancagem, na qual é possível, aplicadas as habilidades e táticas certas, que os fracos vençam os fortes.

Mas como isso é possível? Jogando todo o seu peso contra os elos fracos da cadeia do corpo humano.

As duas áreas mais suscetíveis a ataques são as articulações e o pescoço. A hiperextensão de uma articulação (dobrando-a na direção oposta à sua natureza), causando a oclusão das artérias carótidas (e uma inconsciência temporária ao bloquear o fluxo sanguíneo, via pescoço, para o cérebro), exige muito pouco esforço* e é o que permite que "Davi derrube Golias", por assim dizer. No jiu-jítsu, não importa o seu tamanho, e sim como você o usa. E os iniciantes têm que se esforçar para entender isso desde o início.

É fácil identificar um iniciante em uma aula de jiu-jítsu. São eles que, quando emparelhados com uma pessoa menor, tentam ao máximo vencer com seu tamanho, até que, mortos de cansaço, são forçados a desistir antes de começarem a passar mal.

É tal o compromisso deles com o "treino forte" e "ir até o fim" que não conseguem ouvir a sabedoria dos instrutores, como Charles Negromonte, quando diz: "Relaxa, gente"; "Menos é mais"; "Tentem usar seu peso, não sua força"; "Lutem com inteligência, não com força". Jiu-jítsu é uma arte que usa a alavancagem, é a "arte suave".

Com a prática, todos os principiantes, se permanecerem por tempo suficiente para compreender a futilidade de se esforçar em excesso, aprenderão a usar a alavancagem no lugar

---

* É por isso que a primeira coisa que todos os alunos de jiu-jítsu aprendem a honrar são os "três tapinhas" — um indicador universal de submissão pelo qual um jogador de jiu-jítsu alerta seu parceiro/oponente antes que uma técnica alcance a extensão ou compressão máxima, evitando assim lesões. Isso é feito dando três tapinhas no solo ou no oponente.

da força. E é igual para todos nós que iniciamos um novo caminho em direção à nossa vida profissional dos sonhos.

Nada, não!

É fácil confundir a falta de esforço com não fazer nada. Mas ainda há muito a fazer para chegar ao destino a que nos propusemos. E não estamos fazendo nada para atingir nossos objetivos. Eu ouvi a seguinte história de um pastor de igreja muitos anos atrás, quando fui visitar um amigo na Carolina do Sul. Ela ajuda a demonstrar o que quero dizer.

Havia um homem muito religioso, Burt, que morava em sua casa nos pântanos da Flórida. Um dia, uma violenta tempestade inundou os rios e pântanos, assim como o jardim de Burt. Um vizinho preocupado telefonou para ele e perguntou: "Burt, por que você não sai da cidade? Fique na casa da sua irmã até a tempestade passar."

"Vou ficar bem", respondeu Burt. "Não parece que essa tempestade será muito forte e, além disso, você sabe que sou um homem temente a Deus, e Ele cuidará de mim."

A chuva continuou caindo durante a noite e, na manhã seguinte, o porão e o térreo de Burt estavam inundados. Ele salvou todos os móveis que conseguiu levando-os para o quarto, no andar de cima.

"Burt", chamou o xerife local da cabine de seu 4x4, parado na borda seca de uma propriedade vizinha, "pegue algumas roupas! Vou levá-lo para a casa da sua irmã. Essa tempestade não está melhorando".

"Ora, xerife", gritou Burt da janela de seu quarto, "você sabe que essa tempestade vai passar, acontece todo ano nesta época. E, além disso, sou um homem temente a Deus, e Ele cuidará de mim".

Na manhã seguinte, Burt acordou com água batendo em seus pés. Ele pulou da janela para o telhado.

"Senhor Johnson", insistiu a tripulação de um barco de resgate, "venha conosco. Precisamos evacuar esta zona de tempestade".

"Rapazes, vocês não têm experiência, no pântano é assim mesmo. Somos feitos de um material mais resistente. E, além disso, sou um homem temente a Deus, e Ele cuidará de mim."

Enquanto a água continuava subindo, Burt ficou sentado no telhado, abraçando os joelhos contra o peito. Ele acenou, dispensando o helicóptero que estendia uma escada de cordas para ele. Com o barulho das hélices, o piloto não conseguiu ouvir Burt dizer: "Vá embora com seu helicóptero! Não sabe que sou um homem temente a Deus, e Ele cuidará de mim?"

Burt se afogou.

Nos portões de São Pedro, Burt gritou com Deus: "Como pôde? Fui um homem temente a Deus durante toda a minha vida! Eu rezo, eu acredito, e ainda assim o Senhor não me salvou.

Então Deus respondeu gentilmente: "Burt, eu lhe dei um cérebro, mandei um amigo, depois um xerife, um barco de resgate e até um helicóptero..." É perigosamente fácil confundir a não ação com a inação. Isso precisa estar muito bem compreendido antes de criarmos com sucesso nosso trabalho ideal.

Voltando ao jiu-jítsu, Charles Negromonte não defende o não fazer nada com seus alunos iniciantes. Na verdade, ele os ensina a fazer "só o suficiente; nem mais, nem menos".

A importância dessa abordagem fica demonstrada pela posição de jiu-jítsu potencialmente perigosa e dominante chamada "montada", na qual o atacante monta no defensor, que está deitado de costas, e se senta sobre o peito ou a barriga deste. É uma das piores posições para o defensor: preso sob o peso do atacante com a possibilidade — se fosse permitido — de levar socos na cara.*

A tendência do iniciante, sob o peso e a pressão de alguém sentado pesadamente em seu peito, é tentar forçar a saída. Ele bufa e ofega, e tenta afastar todo o peso do oponente usando só os braços. Isso exige um esforço imenso e gasta muita energia, com resultado quase nulo. Apesar do trabalho árduo, o atacante continua em uma posição dominante e o defensor fica exausto. O iniciante defensor está usando a força, não sendo inteligente.

Assim que os iniciantes começam a entender o conceito de alavancagem que fundamenta a arte do jiu-jítsu, o defensor aborda o problema da "montada" de um jeito bem diferente. Em vez de tentar empurrar o atacante usando partes do corpo relativamente fracas (os braços), eles podem empurrar um joelho dele com o cotovelo (a "alavancagem" sutil de um cotovelo é mais forte que a longa alavancagem de um braço, devido à sua proximidade com grupos de músculos maiores e mais fortes) e introduz um joelho, que ficará entre ele e o peso do atacante.

---

* Embora bater não seja permitido no jiu-jítsu brasileiro, deve-se notar que o que hoje é esporte começou como uma arte marcial, destinada a se defender de todos os tipos de ataque — inclusive socos. Os professores, embora não permitam ataques, estruturarão uma técnica ou tática em torno do seu potencial de autodefesa caso ocorra uma luta "de verdade".

Esse movimento bastante simples, com esforço mínimo, remove quase 70% da pressão do peso que o atacante era capaz de empregar antes, com o próprio peso. Sentindo que seu ataque foi frustrado, o atacante é forçado a repensar seu plano, desmontar e tentar outra técnica. O defensor está livre, pelo menos por enquanto. Ele trabalhou de forma inteligente, não com força.

Confiança

Por que nos esforçamos tanto? Por que queremos controlar tudo? Por que lutamos tanto para tentar manipular o resultado da vida? Por que duvidamos com tamanho fervor? Tenho pensado nisso há muitos anos, e pensei ainda mais durante a Peregrinação aos 88 Templos.

Caminhando doze horas ou mais por dia durante a peregrinação, sem smartphone, tablet, notebook ou qualquer outra distração tecnológica, você "vê a si mesmo" por completo. Com isso quero dizer que, com pouco mais a fazer além de andar, comer e dormir, você fica cara a cara com os pensamentos que tem na cabeça.

Esses pensamentos estão sempre presentes, seja em peregrinação ou durante a correria da vida cotidiana. Mas, em peregrinação, com tão pouca distração, eles surgem em alta resolução e som Dolby Surround. Quando você está calado, pode por fim ouvir o barulho. A meditação tem quase o mesmo efeito; na verdade, a peregrinação é simplesmente outra forma de meditação. Veremos em maior profundidade a arte da meditação no próximo capítulo.

Quando você nota pela primeira vez como a mente é "tagarela", é meio desconcertante, mas pelo menos fica um passo à frente do "não saber que não sabe". Antes, você estava ocupado demais para notar o congestionamento e o conflito que acontece entre seus ouvidos.

Com o tempo, à medida que você permanece inabalável diante dos seus pensamentos fragmentados, eles começam a se acalmar. Como animais selvagens, os pensamentos não querem problemas. Se os deixar em paz, eles o deixarão também, só reagindo se você os cutucar com um galho ou tentar trancá-los em uma caixa. Deixe os pensamentos em paz e eles irão embora. Esqueça o que passar.

É no espaço deixado entre os pensamentos novos e os ignorados que o insight (e nosso "poder pessoal", que também abordaremos mais adiante) pode ser encontrado. Em um desses momentos, fui levado a escrever estas duas frases no diário durante uma peregrinação:

Confiar significa deixar ir.
Não vá até o templo, deixe o templo vir até você.

Esses dois pensamentos vieram em resposta às minhas ponderações sobre por que todos nós tendemos a nos esforçar em excesso. Refletindo, ambos sugerem que devemos acreditar que a vida tem "tudo sob controle". Você confia nisso? Pode aceitar que a vida, com ou sem a sua interferência, está protegendo você?

Isso é difícil. Entendo perfeitamente, sou controlador e sinto a sua aflição. É ainda mais difícil quando não sabemos "o que" ou "quem" nos protege nesse jogo da vida. É a natureza, Deus, o universo, Buda, a intervenção divina, alienígenas — o quê?

Como já mencionei, muitas pessoas se sentem atraídas pelos ensinamentos budistas por causa da sua insistência na experiência acima da fé. O budismo sugere que você baseie a sua confiança em evidências ou na experiência pessoal, e não cegamente na doutrina de outra pessoa.

Experimente este exercício: anote dez coisas que, embora você não saiba como funcionam, elas ainda assim funcionam. Por exemplo, não tenho uma ideia concreta de como meu notebook executa todas as suas funções, mas aqui estou eu, digitando nele. Também não sei, de forma conclusiva, apesar das muitas e variadas teorias, como a vida e o nosso universo começaram, mas sei que começaram, porque estou aqui, em um universo que nasceu, digitando em um notebook, cujo funcionamento não entendo muito bem!

Não precisamos saber como algo funciona para aproveitar seus benefícios.

É claro que conhecimento e compreensão ajudam muito a construir confiança e fé em qualquer assunto, e um dos objetivos deste livro é fornecer ambos — mas não são necessários. Mais valioso é construir suas próprias experiências e exemplos que provem que menos é mais. Reúna seu próprio portfólio de evidências que demonstrem que, relaxando e confiando (em qualquer fonte), tudo ficará bem.

Intrometido interferindo

Pouco antes de escrever em meu diário: "Não vá até o templo, deixe o templo vir até você", eu vinha me esforçando muito para alcançar meu objetivo.

Para provar que tempo e dinheiro eram obstáculos criados por mim mesmo, e não verdades universais, decidi fazer uma peregrinação de 1.400 quilômetros em apenas trinta dias, praticamente sem dinheiro (300 libras em ienes eram tudo o que eu tinha no banco na época). Não tinha nem tempo nem dinheiro suficientes para terminar uma viagem que normalmente demoraria meses e exigiria um orçamento cinco vezes maior do que o meu para me manter seguro, alimentado e alojado nas noites entre os dias de caminhada.

Minha teoria era de que, se eu conseguisse completar uma tarefa hercúlea sem tempo ou dinheiro suficiente, poderia provar que, ao contrário da crença popular, a fonte final de sucesso não eram tempo e dinheiro. Se eu não conseguisse, então eles eram.

É deprimente pensar que tempo e dinheiro são tudo e o sentido da vida. Essa ideia moldou nossa economia moderna, e todos nós vemos em que problemas ela nos meteu! No entanto, muitas vezes durante a peregrinação fiquei bem preocupado, achando que infelizmente isso pudesse ser verdade. Eram muitos quilômetros para andar, em muito pouco tempo, sem dinheiro suficiente para alimentar o gasto de energia necessário para o desafio.

Então comecei a tentar controlar tudo.

Fiz o que muitos de vocês ficarão tentados a fazer quando seguirem em direção ao objetivo de criar sua vida profissional ideal. Comecei a "assumir o controle", "forçar mais" e "trabalhar mais duro".

Comecei a andar mais rápido, para poder cobrir mais distância em menos tempo. Eu fazia menos pausas para comer e ir ao banheiro, para poder passar mais tempo na estrada. Parei de falar com as pessoas pelo caminho e de desfrutar da rara e fugaz comunhão que acontece na peregrinação. Em vez disso, abaixei a cabeça e continuei andando, totalmente focado na linha de chegada.

Isso ajudou? Claro que não. Na verdade, piorou as coisas. A falta de comida, maior velocidade na caminhada, estresse e tensão tornaram tudo pior. Perdi um dia inteiro de caminhada e quase o resto do meu orçamento pagando um quarto em um *ryokan* (uma tradicional pousada japonesa) quando fui forçado a dormir por quase 24 horas para me recuperar do esforço extra. Eu estava arrasado. Não havia sido capaz de controlar o universo e as circunstâncias da vida. Meu esforço extra não me levara mais perto da linha de chegada. Quem diria?

Aprender a abrir mão é difícil, não estou sugerindo o contrário. Mas daremos um passo importante se reconhecermos que é uma habilidade que precisamos desenvolver.

Você se lembra de quando aprendeu a andar? Quando começou, você era quase um bebê, nervoso, duro feito um robô, desajeitado e trapalhão, tombando a cada poucos passos e caindo de bunda. Agora, sendo experiente, você dificilmente perceberá que todos os dias está utilizando, com sucesso, um conjunto de habilidades complexas que permitem realizar sem esforço algo que antes parecia impossível.

Muito desse aprendizado é um processo cognitivo natural conectado à mecânica do nosso cérebro. As habilidades iniciais são filtradas pelo nosso córtex pré-frontal (nosso pensamento, cérebro consciente), até que, ao atingirmos o domínio, são armazenadas em nosso cérebro límbico (cérebro inconsciente, automático). O córtex pré-frontal fica liberado para novas habilidades, aprendizados e crescimento. Embora esse processo seja inerente e esteja fora do nosso controle, podemos encurtar o tempo que leva para dominar uma habilidade ou atingir um objetivo. Prestando atenção à tensão acumulada de se "tentar demais" à medida que aprendemos e lembrando ativamente de "deixar ir", "relaxar", "suavizar" e "largar a tensão", permitimos que nosso inconsciente guie nossas ações sem maiores obstáculos. Conforme você ganha confiança nesse processo, começa a ver que o cérebro pensante consciente tem apenas uma tarefa simples: identificar o que você deseja. É só isso. Após a seleção do objetivo, podemos descansar enquanto outros sistemas cerebrais realizam o árduo trabalho de montar o quebra-cabeça dos nossos desejos.

Façamos uma viagem pelo túnel do tempo: lembra-se de folhear o catálogo de uma loja quando era criança, em dezembro, antes do Natal? "Ah, eu quero isso, e isso também; e dois desse; que bom seria ter um desses!" Este é o trabalho do cérebro consciente: identificar e escolher o que gostaríamos de ser, fazer ou ter.

Depois de escolher o que seu coração deseja, a parte mais difícil é ficar fora do caminho, sem atrapalhar, por tempo suficiente para que seu inconsciente faça o que foi projetado para fazer. Seria ridículo desenterrar as sementes de um carvalho a cada poucos minutos para conferir se o processo natural está ocorrendo — na verdade, essa interferência seria um jeito garantido de matar o carvalho antes que ele tivesse a chance de enraizar. No entanto, isso é o que costumamos fazer com nossos objetivos e escolhas pessoais: fazemos uma escolha, daí controlamos e interferimos, ou ao primeiro sinal de dificuldade, ou quando nossa paciência é testada, revisamos nossos objetivos e mudamos para outros menos ambiciosos.

Por que fazemos isso? Talvez seja porque não acreditamos que nossos desejos mais profundos se manifestem, pura e simplesmente. Se alguém ou algo pudesse garantir que todos os seus objetivos seriam alcançados, você nunca temeria e nunca interferiria com as metas que estabeleceu no começo. Depois de termos ousado descobrir e admitir para nós mesmos nossa mais profunda paixão, aquela que adoraríamos que se tornasse nosso trabalho e carreira, a maior parte do trabalho no caminho do milionário budista é aprender a não atrapalhar enquanto o universo faz as coisas.

A lista do que não fazer

Todos temos uma lista de "coisas a fazer"; não há uma pessoa viva na sociedade moderna que não tenha uma pilha de afazeres. Mas este exercício o ajudará a desenvolver uma lista do que não fazer. E a usaremos para fortalecer sua confiança — um passo de cada vez — no fato de que a vida tem uma maneira de ajudá-lo a chegar onde você precisa estar.

Em primeiro lugar, escolha algo em sua lista de coisas "a fazer". Algo pequeno; comece sem muita pretensão. Transfira isso para a sua lista de coisas a "não fazer".

Agora, seja o que for que você tenha escolhido, realize com o mínimo de esforço possível. Relegue o esforço para o universo/alienígenas/inconsciente e observe o que acontece.

Permita-me usar como exemplo uma tarefa que detesto: limpar meu escritório.

Se eu não me policio, quando começo a organizar meu escritório fico maníaco; viro uma espécie de diabo-da-tasmânia da arrumação. Tomado pelo fervor da ordem, em vez de organizar só o básico, muitas vezes passo para o acompanhamento de faturas, realinhamento de estantes, descascamento de tinta, limpeza de teias de aranha...

Acabo transformando um trabalho necessário e rápido em uma maratona que corrói o resto do dia, que me cansa e, na maioria das vezes, me deixa mal-humorado, pois percebo quanto tempo e energia perdi limpando e não fazendo outras coisas importantes. Então, depois de reconhecer que fui ambicioso demais, faço uma pausa de cinco minutos na lista de "coisas a fazer". Saio do escritório, faço uma xícara de chá e literalmente me forço a PARAR.

Depois de cinco minutos ou mais, uma vez tendo encontrado minha calma dentro da tempestade, volto à tarefa original.

Revigorado e mais calmo, posso ver que estou fazendo mais do que preciso, ou que seria mais sensato dividir o trabalho de organização do escritório em três dias — vinte minutos de arrumação por dia —, em vez de fazer uma maratona de cinco horas de trabalho, sendo que na maioria das vezes não me leva a lugar nenhum. Pequenos ganhos com energia de sobra são tão bons, se não melhores, quanto grandes ganhos exaustivos.

Não só isso, mas descobri que estranhamente, quando desisto de forçar a barra para controlar minha vida, as coisas tendem a se encaixar sozinhas. Do nada, minha esposa pode aparecer na porta e perguntar se preciso de ajuda, ou a pilha de papéis que precisa ser arquivada acaba sendo, na maior parte, papelada para jogar fora. Quem sabe quais coincidências se manifestarão se você trabalhar de maneira inteligente? Você terá que descobrir sozinho, mas, como um observador feliz da atuação do acaso em minha vida, posso dizer com confiança que você terá o mesmo na sua.

Se ajudar, mantenha este mantra na cabeça:

Não faça menos do que o suficiente. Não faça mais do que o suficiente. Faça só o suficiente.

Isso não é tão fácil quanto parece. Muito provavelmente você ficará tentado a exagerar. Não se preocupe; se isso acontecer, lembre-se de que o objetivo é praticar a arte do "menos é mais" e trabalhar de maneira inteligente, não árdua.

Quando uma tarefa da sua lista de "coisas a não fazer" for concluída, risque-a, observe o sucesso, parabenize-se por não exagerar e passe para a próxima!

Quando você sabe que está se esforçando demais?

Agora, espero que você esteja reconhecendo a importância de não atrapalhar no cumprimento das suas metas. Não é que o inconsciente e os outros sistemas de criação de metas que trabalham para você se importem muito com a sua interferência; eles continuarão fazendo a parte deles. Mas simplesmente será uma jornada mais agradável se você se sentar, apreciar o caminho e deixar o incontrolável agir.

No entanto, às vezes, apesar de não querermos interferir, não conseguimos evitar! E é importante reconhecer a diferença entre ação (aquelas etapas progressivas que nos ensinaram a seguir para nos levar do ponto A ao B) e controle.

Perguntei a um de nossos milionários budistas, Ian McClelland, como reconhecer quando nosso ego está interferindo e corremos o risco de sabotar nossa causa. "Quando deixar de ser divertido", foi a resposta sucinta e perfeita dele.

Podemos usar a observação sábia de McClelland para ver se estamos trabalhando pesado ou de forma inteligente. Experimente o seguinte:

Em momentos de silêncio, talvez quando estiver tomando um banho relaxante, ou à noite, pouco antes de adormecer, pense sobre o objetivo ou a tarefa que você se propôs a alcançar. E então "ouça".

"Ouça" como seu corpo, pensamentos e sentimentos respondem. Se logo perceber uma sensação de rigidez, talvez combinada com tensão muscular (verifique sua mandíbula, nádegas e ombros), e seu coração começar a acelerar no ritmo da sua mente excessivamente produtiva, é provável que esteja perseguindo sua paixão com excesso de esforço e isso esteja causando estresse.

Por outro lado, se meditar sobre seus objetivos provocar sensações de tranquilidade, alívio, empolgação e um brilho de esperança, você deve estar fazendo as coisas direito. Fácil, sem esforço, com alegria. Aproveitando cada minuto.

O que sentimos no corpo é um indicador perfeito do que sentimos na mente em relação a algo. Podemos ignorar essas emoções, mas nunca negar. Elas são um sistema de alarme importante em nossa vida.

Se você descobrir que pensar sobre seus objetivos gera tensão em vez de alívio, certamente desejará ler o próximo capítulo, a Lição 5.

Lição 5
A arte da meditação — Conectando-se à sua fonte de energia pessoal

"Não mire o sucesso — quanto mais você mira nele e o torna um alvo, mais vai errar. Isso porque o sucesso, tal como a felicidade, não pode ser perseguido."

Viktor E. Frankl,
O homem em busca de um sentido

Todas as lições que se encontram no caminho do milionário budista de alguma forma se sobrepõem. Cada uma facilita e dá suporte às outras, e nenhuma mais do que esta e a anterior. A arte da meditação e de "não se esforçar em excesso" são a mesma coisa. Na verdade, "deixar ir" é uma das habilidades que os instrutores de meditação tentam transmitir.

Hoje, a maioria das pessoas conhece o termo "meditação". Tornou-se uma atividade da moda e, embora seja positivo o fato de o ensino dessa arte se originar dos templos envoltos em brumas de terras distantes, creio que alguns de seus benefícios mais significativos se perderam pelo caminho até o Ocidente.

Certamente, foi comprovado cientificamente que a meditação regular faz bem à saúde, mas existem outros benefícios, ainda maiores. Um deles é que ela pode ajudá-lo a construir uma vida profissional lucrativa e prazerosa, algo que, considerando que passamos um terço da vida trabalhando, não é fácil.

As três escolas de meditação

Embora o budismo diga que o Buda histórico tenha ensinado mais de 10 mil maneiras de meditar, de modo geral existem apenas três principais escolas de meditação: Vipassana, Tibetana e Zen.

A Vipassana foca no *mindfulness* [ou atenção plena] e no insight; a Tibetana usa técnicas de imagens guiadas; ao passo que a Zen mistura "ficar sentado sem fazer nada" com a tentativa de resolver enigmas elaborados (*koans*), como por exemplo: "Qual é o som de mãos batendo palmas?"

Eu já experimentei as três, mas minha prática de meditação começou há mais de 25 anos, em uma escola tibetana com sede em Londres. Ainda me lembro dos olhos brilhantes do meu professor, do seu sorriso largo e das pernas curtas dobradas enquanto ele aconselhava sua congregação a simplesmente "Largar!" (o pensamento excessivo, no caso).

Você não precisa entender a história de cada escola ou as diferenças entre as suas técnicas para enfrentar a tarefa que tem em mãos. É lógico, talvez você sinta vontade de pesquisar mais; mas, por enquanto, vou lhe ensinar o que será imediatamente aplicável e útil.

A meditação costuma estar envolta em um misticismo desnecessário, tornando-a inacessível para muitos. No entanto, em geral isso é só uma tentativa de explicar o inexplicável. Ela é simplesmente uma habilidade e, como todas as habilidades, é preciso prática para dominar e reconhecer seu verdadeiro valor.

Você usará a habilidade da meditação para ajudá-lo a eliminar os pensamentos dispersos e arredios, a fim de acessar os recantos mais profundos do pensamento direcionado e focado. Com esse pensamento objetivo, será mais fácil não só identificar o trabalho que você realmente deseja fazer, não importando o salário (se ainda não o fez), mas também explorar seus recursos internos disponíveis nesse estado mais profundo, que o ajudarão a alcançar tal meta.

Trabalho profundo

"Trabalho profundo" é o termo que o escritor e professor de ciência da computação Cal Newport cunhou para explicar melhor o trabalho de Carl Jung, fundador da psicologia analítica, que também foi influente nos campos da psiquiatria, antropologia, arqueologia, literatura, filosofia e estudos religiosos.

Jung acreditava muito nos poderes da meditação. Ele tinha um retiro de pedra, a "Torre Bollingen", onde, dizem, ele frequentemente se retirava para meditar e focar em projetos de trabalho desafiadores.

Da mesma forma contam que Albert Einstein buscava a solidão e o silêncio para promover o insight e outras descobertas intelectuais.

Imagine Einstein parado, de giz na mão, olhando para um quadro-negro cheio de cálculos matemáticos. Por horas, dias, semanas, meses e anos a fio ele fica parado, olhando, enquanto os símbolos algébricos percorrem sua mente, até que — eureca — ele tem a resposta que estava procurando.

Einstein encontrou a resposta ou a resposta encontrou Einstein?

Na vida ocidental moderna, aprendemos desde cedo que o trabalho árduo compensa e que somos os criadores de nosso futuro e nossa fortuna. Embora isso possa ser verdade em parte, falta um elemento essencial nessa equação de criação de sucesso. Talvez não estejamos no comando tanto quanto fomos levados a acreditar.

Albert Einstein não poderia forçar uma resposta correta de sua mente, assim como você e eu também não podemos. O essencial é criar um ambiente onde possamos "ver" as respostas à medida que elas surgem dos recantos mais profundos de nossa consciência.

Acessar as melhores partes de nós mesmos, as partes que administrarão uma vida de trabalho gratificante, divertida e lucrativa, não será possível fazendo coisas, e, sim "não fazendo", como os zen-budistas fazem — ou não fazem, no caso!

Duas técnicas

Poucos de nós regularmente (ou nunca) acessamos nossos recursos internos mais profundos. Vou lhe ensinar duas técnicas, de minha experiência direta, que descobri serem benéficas para construir minha vida de milionário budista.

Técnica 1 — Foco na lama

Pense em um feixe de laser: partículas de luz tão compactas que, quando focadas em um único ponto de uma superfície absorvente, podem produzir calor suficiente para provocar um incêndio. Em contraste, se as partículas de luz forem dissipadas e desfocadas, o calor essencial necessário para fazer o fogo ficará espalhado e perdido. Nossa mente funciona da mesma maneira.

A meditação é simplesmente a prática de criar um foco de laser, em vez de permitir a ineficácia dispersa. Para alguns de nós, às vezes a mente está tão distraída que precisamos de uma "âncora" para estabilizar nosso cérebro agitado.

Para o exercício seguinte, nossa âncora será um pote de água lamacenta. Aqui estão as instruções:

1. Encha um pote de vidro com água e adicione uma colher de sopa de lama. Feche bem com a tampa.
2. Sente-se em frente ao pote. Não se curve, mantenha as costas eretas (podemos também trabalhar sua postura, além da meditação!).
3. Agite o pote.

4. Observe enquanto a lama lentamente se acomoda no fundo.
5. Continue observando, pois ela continuará a assentar.
6. Eu disse continue observando!
7. Quando toda a lama se assentar e a água estiver limpa (o máximo possível), sua prática de meditação estará concluída — por enquanto!

Esse exercício pode levar de cinco a dez minutos, dependendo do tamanho do pote.

É mais do que provável que a sua mente disperse ao observar a lama e desvie sua atenção para qualquer pensamento não relacionado que surja em sua cabeça nesse momento. Não se preocupe com isso. Parte do foco desenvolvido com a meditação é alcançada reconhecendo que sua mente está "desaparecida em combate" (cujo o paradeiro é desconhecido); isso em si é uma forma de atenção. Quando perceber que perdeu o foco, leve sua mente de volta à tarefa em questão — observar a lama —, sem se recriminar.

A essa altura, também precisamos falar sobre bons hábitos.

Existem vários livros excelentes sobre a importância da criação de bons hábitos para atingir metas com sucesso. Dois que me vêm à mente são *Hábitos atômicos*, de James Clear, e *O poder do hábito*, de Charles Duhigg.

As descobertas científicas que aparecem nesses livros validam o que os budistas vêm dizendo há décadas e o que todos nós suspeitamos ser verdade: hábitos de trabalho bons e consistentes levam a bons resultados. Veja só!

Se for usar a meditação para ajudá-lo a atingir seus objetivos de trabalho, carreira e vida, você terá que começar e, em seguida, *manter a prática*.

O que eu sugiro, com base no que funcionou para mim e para outros, é o seguinte: crie um espaço que seja seu "espaço silencioso" e pergunte se está aprovado por quem vive com você (incluindo o cachorro). O meu fica no quarto, do meu lado da cama. Cuide para que seja uma área definida na qual você possa fazer sua prática de meditação; um lugar separado de outros ambientes da casa onde ocorrem as demais atividades.

Em meu espaço definido há uma estátua de Buda (absolutamente desnecessária para a meditação, mas eu gosto de estátuas de Buda), porta-retratos com fotos do meu filho, da minha filha e da minha esposa, algumas bugigangas recolhidas em várias viagens ao redor do mundo, velas e um incensário (de novo, não é necessário, mas me apaixonei pelo cheiro do incenso — *Mainichi Koh* — que usam nos 88 templos da peregrinação). Esse será seu espaço. É aí que você praticará, em uma solidão silenciosa.

Agora que você tem um lugar para meditar, é aconselhável definir um cronograma de meditação. Todas as pesquisas sugerem que hábitos e práticas regulares e consistentes produzem os melhores resultados, e também acabei chegando a essa conclusão.

Os horários podem ser flexíveis, mas, para evitar interromper sua prática regular de meditação, procure encontrar um intervalo no dia que provavelmente não mudará. Eu pratico logo ao acordar, enquanto todos ainda estão na cama, e de novo um pouco antes da hora de dormir, pois percebi que essas horas do dia sofrem menos interrupções e mudanças repentinas na programação.

Aprimorando sua prática — A técnica da "boneca russa"

À medida que progredir com a prática, você achará mais fácil perceber quando sua mente se desviou da observação da lama e voltará à tarefa. Nessa fase, você estará pronto para acrescentar um novo nível de desafio e dificuldade.

Pense em uma boneca russa — aquela boneca de madeira intricadamente decorada que, quando aberta, revela outra um pouco menor dentro; e então, outra; e outra, culminando em uma bonequinha minúscula no final. Da mesma forma, só que ao contrário, vamos aprimorar sua técnica de meditação com o pote lamacento.

Você precisará de cinco potes de tamanhos diferentes colocados em ordem crescente, do pequeno ao grande.

Encha o menor com lama e água, como antes, e continue sua prática por duas semanas. A seguir, repita usando o pote do tamanho seguinte e continue assim até chegar ao pote maior, mudando o tamanho do pote a cada quinze dias.

Conforme vai aumentando os potes, a lama demora mais para assentar e você, por sua vez, aumenta seu tempo de meditação e melhora sua capacidade de concentração.

No fim, você será capaz de se concentrar nessa prática por 45 minutos ou mais.

É aí que começa a diversão.

Técnica 2 — O tomate

Os benefícios do seu foco aprimorado na meditação começarão a se espalhar para o resto da sua vida. Afinal, a mente disciplinada em seu espaço silencioso designado é a mesma que você leva consigo quando entra de novo no mundo normal.

Por exemplo, talvez você descubra que praticar a meditação ao levantar dá um bom tom para o dia que está por vir. Quantas vezes você notou que semelhante atrai semelhante? Quando estamos de bom humor, a vida parece acompanhar nosso ânimo; quando estamos infelizes, parece que tudo só piora.

Você pode obter outro benefício se meditar antes de dormir. Muitas pessoas relatam que dormem muito melhor após a meditação, e os benefícios de uma boa noite de sono, tanto para a saúde quanto para a produtividade, estão hoje bem documentados.

Vejamos agora uma maneira muito mais direta e óbvia de usar o foco desenvolvido na meditação para moldar diretamente o seu trabalho e as suas metas profissionais. Isso se chama técnica *pomodoro*, que significa "tomate" em italiano.

Agora, tenho que pedir desculpas a quem originalmente me ensinou essa técnica, porque não consigo lembrar quem foi! Tudo que sei é que revolucionou meu trabalho como escritor e o de muitos outros a quem a recomendei.

A técnica é, em resumo, uma versão baseada no trabalho da meditação, uma maneira de fazer um "trabalho profundo", para usar novamente o termo de Newport.

Eis aqui as instruções:

1. Escolha uma tarefa profissional que precisa realizar, como terminar o capítulo de um livro; concluir uma pintura; organizar seu currículo; elaborar um plano de negócios.
2. Arranje um espaço para trabalhar onde não haja distrações: sem pessoas e coisas como mídias sociais, telefones e e-mails — muito parecido com seu espaço de meditação (mas recomendo que não use seu espaço de meditação).
3. Programe um cronômetro para 30 minutos.
4. Trabalhe sem distração e sem interrupções por 30 minutos.
5. Quando o cronômetro indicar o fim do tempo, descanse por dois minutos. Descanse mesmo. Saia do espaço e faça algo bem diferente, ou mesmo nada, mas não trabalhe. Dê uma pausa ao cérebro.
6. Repita as etapas 3 a 5 mais três vezes até completar quatro sessões de 30 minutos ou um *pomodoro* inteiro (as quatro sessões de 30 minutos sugerem os quatro quartos de um tomate, como ele costuma ser cortado).

Conforme for se acostumando com esse jeito disciplinado e altamente focado de trabalhar, você notará não só um aumento na concentração, mas também na produtividade e na criatividade.

E alguns outros fenômenos muito bizarros...

Mente curva, tempo curvo

Existem, é óbvio, outras maneiras além do *pomodoro* para mergulhar nesse estado de "trabalho profundo". Isso também acontece durante uma peregrinação.

Os templos da Peregrinação aos 88 Templos não são uniformemente espaçados. Por exemplo, nos primeiros três dias, você visita cerca de dez que estão agrupados nas proximidades, ao passo que em outras ocasiões leva três ou quatro dias para andar de um templo a outro.

Foi durante um desses longos, difíceis e enfadonhos trechos de caminhada que caí em um estado meditativo — um tipo de "trabalho profundo", se preferir.

Na manhã em que iniciei essa maratona de caminhada, eu estava resignado, aceitando os dias difíceis que viriam. Eu havia desistido de reclamar e resistir ao desafio relembrando a mim mesmo para apenas focar no aqui e agora, não importando quão monótono fosse. Quando minha mente vagava para pensamentos sobre a linha de chegada, eu gentilmente a puxava de volta para a caminhada.

À medida que os quilômetros passavam, minha mente parecia entrar no ritmo dos meus passos, e pensamentos invasores e estranhos simplesmente desapareceram. Lembro que, no lugar deles, havia uma profunda sensação de tranquilidade e calma. No entanto, por mais agradáveis que fossem as sensações, eu não estava nem apegado nem preocupado demais com elas; elas não eram nem boas, nem ruins; apenas "eram". Eu estava totalmente envolvido no momento e na tarefa, e pensamentos e julgamentos supérfluos foram levados da minha mente como a suave correnteza de um rio.

No momento seguinte — ou assim parecia —, um ar frio interrompeu meu estado mental; olhei para cima e vi a lua brilhando na escuridão de um céu noturno. Eu havia caminhado por quase catorze horas sem descanso, mas me pareceram não mais que trinta minutos. Foi como se o tempo houvesse se curvado num buraco de minhoca.

Os praticantes de meditação e outras pessoas engajadas no trabalho focado por longos períodos costumam relatar essa distorção do tempo. Por si só, isso não nos serve muito mais do que como um caso interessante para contar quando saímos com os amigos. Mas há algo mais nesse estado de hiperfoco que é diretamente benéfico para a nossa causa imediata, como andarilhos no caminho do milionário budista.

Nesse estado profundo de hiperfoco, livre de pensamentos neuróticos, temos um vislumbre do que os budistas chamam de "vazio" que paradoxalmente está cheio de potencial.

Sentar-se quieto e a arte do "vazio"

Como vimos, as técnicas de "Foco na lama" e "Tomate" são extremamente úteis para melhorar o foco e a produtividade. São ferramentas realistas e práticas que o ajudarão a enfrentar as etapas e ações do dia a dia necessárias para criar um trabalho produtivo e alegre.

Mas a vida é mais do que a prática e o mundano. Uma das dádivas do caminho budista e, por sua vez, do caminho do milionário budista, é que ele lida tanto com o mundano quanto com o sagrado. Usado da maneira correta, o sagrado pode influenciar genuína e realisticamente o mundano.

Quando um novo aluno faixa branca entra em um *dojo* (tradicional sala de treinamento de artes marciais japonesas), costuma ficar admirado com as habilidades dos faixas pretas da turma.

A diferença entre as habilidades é tão grande que, para os faixas brancas, os faixas pretas parecem ter uma qualidade quase mística e mágica. Mas à medida que os anos passam e o novato passa a ser intermediário, não só a lacuna de habilidades diminui como também a verdade desponta. Os alunos percebem que o que antes parecia mágico é, na verdade, fruto de muitas horas de esforço mundano. A mágica é que magia não existe.

Este próximo método de meditação vai ajudá-lo a acessar a magia que não é magia — o "vazio".

Os budistas não acreditam em um criador benevolente, nem em uma figura divina. Eles acreditam que somos responsáveis pelo que acontece em nossa vida, e isso é explicado na doutrina da "origem dependente".

"Origem dependente" ensina que nada existe por si mesmo, mas deriva de circunstâncias anteriores. Tudo é explicado por outra coisa no passado e serve de base para algo que ainda está por vir.

Por exemplo, um pedaço de papel não é conjurado do nada por um criador. É feito de água e polpa de celulose. A madeira provém das árvores, que provêm de sementes de outras árvores. Assim, tudo tem uma causa e um efeito.

O conceito de "vazio" no budismo leva esse pensamento mais longe. Se nada pode existir separado de outra coisa, então, em nossa origem, todos devemos ser um. Somos literalmente parte da mesma fonte: ou seja, as estrelas e a lua e tudo o que existe entre elas.

Pensemos por outro ângulo — gosto de chamar isso de "descascar".

Olhe para sua mão — sem dúvida, parece algo definido e específico. Mas imagine que você pode descascar o que vê, retirar a pele e descobrir o que há por baixo. Quando você retira a pele da mão, encontra tendões, músculos e ossos. Quando retira tendões, músculos e ossos, encontra sangue, capilares e células. Quando retira as células, encontra moléculas, átomos, prótons, elétrons, e assim por diante.

Consegue ver aonde isso está nos levando?

Não importa quantos forem os passos que possam ser descobertos e nomeados ao longo do caminho, no fim, acabamos em uma única fonte que contém todas as coisas.

Isso é o "vazio". Nada pode existir separado disso. Como poderia? Onde residiria, sendo ele próprio contido pela "coisa que contém todas as coisas"? Fique com essa ideia. Com o tempo, fará sentido.

No entanto, esse "vazio" não é vazio de valor. É um vazio bem compactado com tudo que já existiu, existe ou existirá. É a fonte de alimentação definitiva.

A ideia de "vazio" muitas vezes apavora as pessoas, como aconteceu comigo quando ouvi pela primeira vez budistas falarem dela. Ela pode evocar pensamentos negativos sobre uma dimensão vazia de atividade, como morrer para toda a eternidade, sem ter nada para fazer (essa imagem me assombrava quando criança).

Mas "vazio" não é "nada".

De uma perspectiva budista, o "vazio" está vivo e cheio de possibilidades.

Imagine uma casa sem móveis, utensílios e acessórios. De um ponto de vista, é um lugar frio cheio de nada, desprovido da energia de uma família. De outro ponto de vista, é um maravilhoso espaço com potencial: um lar embrionário esperando para evoluir por meio de vidas, eventos e histórias ainda não realizadas. "Vazio" é a tela em branco da vida e é uma dádiva, não uma maldição.

Meditação zen — Sentar-se sem fazer nada

A meditação zen é famosa por seus monges, que ficam horas a fio olhando para uma parede em branco. Essa é a prática de meditação zen-budista do *Zazen*.

Enquanto a técnica de meditação do pote de lama usa um ponto de foco para envolver e, portanto, aquietar a mente, a prática do *Zazen* não usa essa âncora. Ela simplesmente observa tudo o que está acontecendo na mente em um dado momento, sem usar nenhuma ferramenta. De certa forma, alguém que pratica *Zazen*, em vez de observar a lama no pote, torna-se a lama no pote. Com o tempo, a lama assentará se for deixada em paz, seja qual for a técnica ou a âncora: e o mesmo ocorre com a nossa mente.

Algumas pessoas preferem usar âncoras para meditar, ao passo que outras não. Eu pessoalmente pratico *Zazen*. Como alguém com foco no objetivo e ligeiramente controlador, para mim, a instrução para a meditação baseada no foco se torna mais uma coisa que eu tenho que realizar e mais uma coisa acrescentada à minha lista de "coisas a fazer". *Zazen*, ou sentar-se sem fazer nada, me liberta disso.

As duas técnicas são excelentes e funcionam. Eu acrescentei a segunda porque teria sido hipócrita da minha parte ensinar a meditação baseada no foco, mais comum, e não minha prática pessoal.

Eis aqui as instruções:

1. Sente-se confortavelmente em seu lugar tranquilo, não se curve e mantenha as costas eretas.
2. Programe um cronômetro segundo sua preferência — 5, 10, 15, 20 minutos. Eu uso um bastão de incenso que leva exatamente 45 minutos para queimar, mas um cronômetro também serve.
3. Sente-se quieto, não faça nada, apenas "observe" o que acontece em sua mente.
4. Sente-se quieto, não faça nada, apenas "observe" o que acontece em sua mente.
5. Sente-se quieto, não faça nada, apenas "observe" o que acontece em sua mente.
6. Sente-se quieto, não faça nada, apenas "observe" o que acontece em sua mente.
7. Sente-se quieto, não faça nada, apenas "observe" o que acontece em sua mente.
8. Sente-se quieto, não faça nada, apenas "observe" o que acontece em sua mente.
9. Sente-se quieto, não faça nada, apenas "observe" o que acontece em sua mente.
10. Acabou o tempo!

Com o tempo, uma vez que os pensamentos possam assentar e voltar para onde quer que tenham sido fabricados, você vislumbrará a fonte de poder que os budistas chamam de "vazio". Quanto mais você o vislumbra, mais confia tanto em sua existência quanto em seu potencial para guiá-lo e ajudá-lo na vida.

O carteiro sempre toca duas vezes

Enquanto eu escrevia este capítulo, o carteiro interrompeu meu fluxo com uma batida na porta. Talvez meu olhar contrariado tenha lhe dito que me perturbou, mas ele continuou falando mesmo assim.

"O que está escrevendo?", perguntou, e não querendo ser rude, só focado, eu lhe disse que estava tentando explicar o inexplicável com a minha analogia de "descascar" e as instruções do *Zazen*.

"Nossa", disse ele, "parece que você está tentando explicar Deus". Eu não havia pensado nisso antes, mas quer saber? Ele tinha razão.

Cheree Strydom, nossa cantora e compositora sul-africana do quinto capítulo, ecoa os pensamentos do carteiro.

Ao falar sobre música, é impossível para Cheree esconder o amor, a paixão e a emoção em sua voz. Seu entusiasmo não é só contagiante, tem também uma profundidade e qualidade que parecem de outro mundo. Perguntei se ela sentia que sua música era, de alguma forma, uma experiência espiritual.

"Você não poderia ter dito melhor! Música é Deus para mim, se é que isso faz sentido." Eu disse que sem dúvida fazia. "Ela me leva a um [estado] eufórico e também me faz sentir, de alguma maneira, ainda mais conectada àquilo em que acredito. Não posso localizá-la, apenas rotulá-la de Deus. Mas é a minha forma de deus, diferente daquele que adoramos em uma igreja ou de uma pessoa específica."

Cheree, por meio de sua música, acessa a essência da vida da mesma maneira que os budistas por meio de suas técnicas de meditação, e Cal Newport o faz com seu "trabalho profundo".

Ao deixar o carteiro e voltar ao escritório para terminar este capítulo, acendi a luz. Ocorreu-me que, embora não possa ver a eletricidade que alimenta a luz da minha mesa, sua existência, por conta de seu efeito em minha vida, é inegável. Não importa o nome que dermos a essa "fonte de energia definitiva", sabemos que algo impulsiona nossa vida. Mesmo o mais cínico entre nós, que tem uma visão materialista da vida na Terra, não pode negar que ela é movida por algo!

O mais importante é como usamos essa fonte para melhorar nossa vida.

Segurando o mundo com a ponta dos dedos

No início deste capítulo, falei da relação inquebrantável entre esta lição número 5 e a anterior, e como uma facilita a outra.

Já mencionei que seu fígado desempenha mais de quinhentas funções, mas outra magia natural acontece em seu corpo o tempo todo: seus rins estão limpando seu sangue de toxinas e, em 24 horas, terão filtrado quase 200 litros de fluido; seu coração está ocupado batendo cerca de 100 mil vezes por dia, de modo que ele possa enviar 7 mil litros de sangue pelos cerca de 96 mil quilômetros de vasos sanguíneos que alimentam seus órgãos e tecidos. Tudo isso acontece sem você saber; a única prova é que você está vivo.

Pense nesses processos. O vislumbre de "vazio" que você alcançará por meio da meditação é a fonte de todos esses fenômenos maravilhosos. Desenvolva a confiança no conhecimento de que, se ela pode controlar as funções do fígado, rins e coração, também pode conduzir você à vida de trabalho lucrativo da sua escolha. Você não é obrigado a "abraçar o mundo com as pernas" — ele gira muito bem no eixo dele sem a sua ajuda. Tudo que se exige de você é que escolha o que deseja e, então, deixe o universo cuidar do resto (se precisar de ajuda, ele enviará professores e instruções, como dissemos na Lição 3).

Quando você pratica meditação, não só pratica deixar seus pensamentos se acalmarem: você revela sua "fonte de vida". A cada sessão de meditação, você está construindo um vínculo com essa força inerente que suprirá seus sonhos. Ela se tornará uma aliada na qual, com o tempo, você aprende a confiar de todo o coração.

No entanto, é inegável que, para alguns, decepções do passado, sonhos desfeitos e expectativas não realizadas corroeram a crença de que é possível ser "qualquer coisa que sonharmos". Muito provavelmente, é essa falta de fé que levou tantas pessoas a ficarem presas em carreiras e empregos que largariam em um piscar de olhos se tivessem a chance. Negar nossos fracassos passados seria um erro e, ao fazê-lo, este livro não seria mais do que um guia de autoajuda açucarado como o de uma Pollyanna.

Não vou negar que o caminho para o sucesso às vezes é problemático. Não vou dizer que essa vida benevolente sempre nos manterá a salvo de perigos e proverá nossos objetivos elevados sem custo. Mas vou sugerir que façamos o que os budistas fazem quando surgem problemas: olhá-los bem nos olhos e encontrar um caminho até o outro lado, apesar deles.

Lição 6
Quando as coisas dão errado — A lei do carma

Depois de fazer a Peregrinação aos 88 Templos — uma afirmação da vida, como certamente foi —, eu ainda tinha algumas perguntas sem resposta. Uma, em particular, dizia respeito ao fracasso.

Lembro que era uma manhã de fevereiro linda, limpa e ensolarada, e muito fria. Com ainda quase mil quilômetros restantes para caminhar, eu tinha questões mais urgentes na cabeça do que essa preocupação passageira. Mas a inquietação não me deixava, e eu não conseguia imaginar uma resposta ou solução adequada. É uma situação familiar para a maioria de nós, e esta próxima lição é projetada para aqueles momentos de dúvida e decepção que você inevitavelmente encontrará em sua busca por sentido e prosperidade.

Você já sabe que este livro se baseia na premissa de que, inerentes a nossos desejos e nossas escolhas, estão as sementes do nosso sucesso. Em vez de pedir a você que acredite cegamente no que digo, tentei demonstrar os tópicos por meio da estrutura do budismo, dada a sua posição no âmago da religião, filosofia e ciência. Estou ciente dos limites das estruturas de pensamento e palavras (nenhum de nós, ainda, tem todas as respostas). Embora eu tenha a experiência direta e adquirida com dificuldade do "pedi e recebereis", há um problema irrefutável — um elefante na sala.

Para cada história de sucesso que prova meu ponto de vista, há outra que o refuta por completo. Isso me irrita há anos. Como isso é possível, apesar das minhas experiências positivas?

Se concordarmos com a lógica dos ensinamentos budistas sobre "vazio" e "origem dependente" (tudo está conectado) descritos no capítulo anterior, nada poderia se opor à ideia de que todos os sucessos são possíveis.

Vamos recapitular esses ensinamentos com um experimento mental. Comece com uma folha de papel em branco.

Desenhe um círculo no meio da folha. Isso representa o "todo".

Por definição, tudo está incluído no "todo". Nada pode ser separado daquilo que é integral e total.

Agora, desenhe uma linha reta, perpendicular, fora do círculo. Foi isso que eu fiz quando me disseram pela primeira vez que nada poderia existir fora do "todo". A linha representa separação; algo separado do "todo". Eu havia provado que a existência pode operar fora da totalidade. Eu havia basicamente desmascarado um dos principais pilares do budismo.

Ou assim tinha pensado.

Meu professor sorriu diante do meu esforço e balançou a cabeça. "Isso", disse ele, apontando para a folha de papel, e não para os desenhos, "é o todo".

Mas eu não havia acabado. Desenhei outra linha, não no papel, mas na mesa sobre a qual o papel estava. Com as sobrancelhas erguidas e um sorriso ligeiramente presunçoso, eu o desafiei de novo. "Levante-se", ordenou ele. Eu me levantei e ele me mostrou que a mesa na qual eu havia traçado a linha agora continha o "todo". Percebi, então, que isso poderia continuar até o infinito, assim como o espaço faz com todas as suas estrelas, planetas e galáxias. Nada pode existir fora do "todo". Nós realmente somos "todos um".

Dentro dessa "unidade total", portanto, está toda possibilidade que já foi, é ou será. Nada pode ficar fora disso, portanto deve ser verdade.

Seguindo esse experimento mental, chegamos à conclusão de que, pelo menos na teoria, tudo é possível. Os professores vêm nos dizendo isso há gerações.

Mas, então — e este era o ponto crucial da preocupação que não me abandonava —, por que as pessoas fracassam? Por que coisas ruins acontecem a pessoas boas? Por que as pessoas morrem jovens? Por que não consigo conjurar uma árvore do nada só com a força do pensamento, se a teoria sugere que devo ser capaz de fazer isso? Apesar da minha experiência pessoal, essa preocupação era a falha da teoria.

Até que entendi. As respostas estavam mais próximas do que eu pensava. Na verdade, as respostas estavam em uma lição que eu já conhecia, mas sobre a qual não havia pesquisado o bastante.

Cuidado com o que você deseja

O experimento mental acima sugere que nossa base é uma fonte que contém o potencial para todas as coisas. Essa mesma fonte, no entanto, contém coisas de que não gostamos, bem como as que cobiçamos: altos *e* baixos, bom *e* ruim, sucesso *e* fracasso.

A fonte de todas as coisas não se importa se você pede que coisas boas ou ruins entrem em sua vida. O trabalho dela é simplesmente criar.

Ao acreditar nesse importante ensinamento do budismo, temos que admitir que somos responsáveis por tudo o que se manifesta em nossa vida — em algum grau. Em algum lugar, de alguma forma, nós escolhemos que tal coisa existisse. A resposta sobre o fracasso havia me escapado por tanto tempo porque eu me recusava a aceitá-la.

Até mesmo descrever os exemplos a seguir me deixa zangado. Há dezoito meses, uma amiga da minha família morreu de câncer. Ela tinha apenas 38 anos e deixou para trás um marido arrasado e quatro filhos lindos. Minha esposa sempre quis ter filhos, mas não pode conceber, ao passo que outras pessoas ao seu redor — algumas que nem mesmo querem filhos — parecem engravidar num piscar de olhos.

Sentado ao lado de um magnífico elefante africano tombado no chão, com um olhar vítreo e sangue escorrendo do buraco de bala na cabeça, está um caçador de troféus orgulhoso de sua conquista do dia.

O budismo quer que eu acredite que as vítimas de todas essas histórias pediram por aquilo que aconteceu com elas? Sim. É exatamente isso o que ele diz.

No entanto, esse ensinamento não é tão brutal e sem compaixão quanto parece a princípio. Na verdade, ele oferece certa esperança. Precisamos apenas aprender a ver por lentes ligeiramente diferentes para nos beneficiarmos dessa lição.

O ruído branco em muitas de nossas histórias do passado, talvez como um produto de nossa educação escolar vagamente religiosa, é uma crença em um Deus punitivo. É isso que causa a resistência (sem dúvida, é o que estava causando a minha) quando um ensinamento sugere que as coisas ruins de nossa vida são nossa responsabilidade. Pelas lentes de um criador punitivo, interpretamos responsabilidade como culpa e vemos o resultado como punição. Quem, em sã consciência, quer acreditar nesse tipo de ideias? Mas esse não é o ensinamento ou a crença dos budistas.

O budismo não tem um único criador no comando, distribuindo coisas boas para pessoas boas e coisas ruins para aqueles que caem em desgraça.* O budismo acredita em causa e efeito, que eles chamam de "carma". Sem dúvida você já ouviu falar em carma — é um daqueles termos orientais que permearam nossa vida ocidental.

A palavra sânscrita *karma* se traduz como "ação" e significa causa e efeito observáveis. Se eu for legal com você, provavelmente você será legal comigo. Se eu deixar de mostrar paixão em meu trabalho, provavelmente não me esforçarei tanto e acabarei sendo demitido. Se eu não regar uma planta, ela morrerá e eu perderei a sombra de um potencial carvalho. Car-

---
* O budismo tem deuses, mas eles são manifestações da "fonte definitiva" e não criadores punitivos.

ma é uma lei natural, não mais punitiva do que a gravidade. Por exemplo, a gravidade não pune aquilo que sobe deixando-o cair no chão. Ela apenas "é gravidade".

Por favor, leia as seguintes instruções e, a seguir, faça este exercício mental:

Feche os olhos e preste atenção no que está sentindo agora. Como essa sensação se manifesta em seu corpo? Há alguma tensão que você não sabia que tinha? Onde está, se houver? Em que parte do corpo? Se você não consegue sentir nada, bom ou ruim, o que pode sentir? Existe alguma perturbação?

A questão é que a maioria de nós, em um dado momento, está ocupada demais para perceber quais sentimentos, pensamentos e emoções sutis operam em nós normalmente.

Agora, faça este segundo exercício: pense em algo que você deseja muito alcançar. Feche os olhos e observe os sentimentos que surgem. São de esperança ou de medo? Seguros ou hesitantes? Sua mente começou a lhe dar todas as razões pelas quais o seu desejo não se concretiza?

A maioria de nós não tem consciência dos sentimentos que correm em nossas veias durante o dia. Nós os sufocamos ligando o rádio do carro, checando as redes sociais, comprando outro café e assim por diante. Mas é importante prestar atenção; nossos sentimentos dirigem nossos pensamentos. Se seus sentimentos subjacentes forem negativos, seus pensamentos também serão. Seus pensamentos e sentimentos negativos guiarão suas decisões, ações e resultados. Sua produção se tornará seu resultado entregue pela lei de causa e efeito, a lei do carma.

Ainda não acredita em mim? Eu entendo a resistência à responsabilidade. Pense em um dia em que você acordou mal-humorado. Agora, relembre o resto do dia. Você sabe tão bem quanto eu que, a menos que tenha feito algo realmente drástico para melhorar seu humor, o dia não deve ter sido bom. Humor, mentalidade e resultados eram novidade trinta anos atrás; hoje, a conexão entre eles está bem documentada e é inegável.

Nossas crenças-padrão ("Sou um fracasso, meu pai já me dizia"; "Eu tenho muita sorte, minha mãe sempre me disse que eu tinha sete vidas") comandam nossos sentimentos e pensamentos. Se não prestarmos atenção, não saberemos o que estamos projetando no mundo.*

A cegueira e a falta de atenção aos sentimentos e pensamentos que constituem o pano de fundo da nossa vida têm um grande impacto em nossas experiências do dia a dia. Temos que ter bastante cuidado com o que pensamos, porque são nossos pensamentos que moldam nosso carma e, por sua vez, nossa vida.

Há outro ensinamento budista, inextricavelmente ligado à ideia de carma, que devo mencionar enquanto procuro uma possível explicação para coisas ruins acontecerem em nossa vida: a reencarnação.

---

* Nota importante: ideias semelhantes ao carma podem ser encontradas em máximas seculares não budistas, como: "Você colhe o que planta"; "Você faz sua própria sorte"; "Tudo que vai volta"; "Quanto mais eu pratico, mais sorte tenho".

Reencarnação — Na melhor das hipóteses, um absurdo budista?

Gary Chamberlain é um homem que não mede as palavras. Depois de uma carreira de 31 anos na linha de frente dos bombeiros e um "hobby" de 46 anos fazendo caratê de contato total, ele é um homem duro em muitos sentidos.

"Sou um pragmático", diz Gary. "Você tem que enxugar as lágrimas e não sentir pena de si mesmo. Enfrente as coisas, entre em ação. Faça um plano. Sentar sobre as mãos, chupar o dedo e sentir pena de si mesmo não muda absolutamente nada."

Foi uma postagem de Gary nas mídias sociais intitulada "Por que coisas ruins acontecem com pessoas boas?" que me levou a entrevistá-lo. Ele acabou se tornando uma das pessoas mais interessantes que tive o prazer de conhecer.

Gary escreveu a postagem em referência a um colega do corpo de bombeiros que é corajoso, gregário, positivo e "simplesmente um cara legal!". Todos os indicadores sugerem que esse é um homem cuja configuração-padrão é positiva.

"Ele estava a caminho de um curso quando viu um acidente de trânsito", explica Gary. "Pela bondade em seu coração, ele parou, ajudou e foi atropelado por um caminhão! Quebrou as costas. Ele sente dor desde então."

Por que um homem com as qualidades daquilo que os budistas chamam de Bodhisattva* e uma atitude e estado de es-

---

* No budismo Mahayana, um Bodhisattva é alguém que adia alcançar seu próprio nirvana para mostrar compaixão por aqueles que ainda sofrem na vida. Refere-se a qualidades de quem presta serviços, tem compaixão, coragem e desejo de ajudar os outros, apesar dos riscos e perdas para si mesmo. (Poderíamos, com razão, argumentar que todos da maravilhosa equipe de emergência são Bodhisattva.)

pírito em geral positivos consegue atrair coisas ruins para sua vida? É simplesmente a dura realidade da sorte? Essa falta de controle sobre o nosso destino, para aqueles que acreditam em um universo governado pelo acaso, é um pensamento deprimente, mas o budismo tem outra explicação mais esperançosa: que dentro do "todo" que descrevemos há pouco nada morre (para onde iria, afinal?), simplesmente muda.

Vamos usar outro experimento mental para investigar essa ideia mais a fundo.

Imagine uma árvore cheia de folhas de verão. Durante o outono, as folhas começam a murchar, amarelar e cair. Em essência, as folhas estão mortas. Mas estão mesmo? Embora tenham mudado de forma, elas ainda têm um grande papel no ecossistema da vida.

As folhas em decomposição fornecem nutrientes essenciais para o crescimento de novos organismos e fazem parte do processo cíclico que mantém toda a vida na Terra. Assim, na morte, a folha provê vida. Pode-se dizer que a folha renasce no novo organismo.

Muitas escolas de budismo acreditam na reencarnação, e foi essa doutrina, assim como o conceito de carma, que impediu no começo o meu engajamento total com os ensinamentos budistas. No entanto, com o passar do tempo, comecei a ver "reencarnação" ao meu redor e passei a entender o valor desse ensinamento. Cometi um erro fundamental ao presumir que, como um novato, já havia compreendido todos os conceitos; muito parecido com os alunos novatos de artes marciais que chegam à aula no primeiro dia esperando parecer e se sentir como em um filme de Bruce Lee. Sempre ficam chocados quando o treinamento provoca dor, os socos não fazem barulho e eles se movimentam como uma girafa recém-nascida, e não com a graça do dublê de Jackie Chan!

Eu havia cometido o mesmo erro de amador com meu pensamento estereotipado sobre reencarnação. Em minha visão limitada, pensei que isso significava que tio Jack, atropelado por um caminhão de lixo, voltaria como um cachorro zumbi para aterrorizar seus assassinos toda quarta-feira, dia da coleta de lixo. Foi uma interpretação ingênua e impensada de uma das ideias-chave do budismo, na qual eu não podia acreditar, de modo que a rejeitei de imediato.

Mas quando vi a reencarnação de uma perspectiva mais prática e matizada de "folhas transformadas em adubo e em alimento para organismos" (como os budistas tenderiam a fazer), fez mais sentido. Na verdade, desse ponto de vista, pude ver a vida, a morte e a reencarnação (renascimento) ao meu redor: na mudança das estações, na renovação celular do corpo, até nos crimes, na prisão e reabilitação de criminosos condenados.

Outra maneira como os budistas gostam de descrever a reencarnação é pela analogia da relação entre uma onda e o oceano. O oceano é visto como o "todo", ao passo que as ondas são as "cristas da vida" individuais que nascem dele e retrocedem uma vez gastas, em um ciclo infinito de água imortal. Talvez uma mudança de nome, de reencarnação para reciclagem, recriação ou reaproveitamento, possa ajudar mais.

Quando combinamos ambas as ideias de carma (causa e efeito) e reencarnação (nada morre de verdade), um novo grau de compreensão sobre nossa vida e o universo se abre para nós.

Chegamos mais perto de uma possível explicação para coisas ruins às vezes acontecerem com pessoas boas (e vice-versa). Voltemos ao amigo bombeiro de Gary, que apesar de ser uma fonte de bondade teve um azar desproporcional, e vejamos como essas ideias *podem* explicar a falta de sorte dele.

De acordo com os ensinamentos budistas, é possível sugerir que as dificuldades atuais dele são os efeitos de amadurecimento de ações/pensamentos negativos do passado que sobraram de um *ontem* (ou antes), e que a atitude positiva dele *hoje*, apesar das dificuldades atuais, pagará dividendos positivos *amanhã* (ou mais tarde). Claro, isso é conjectura, e pouco ajudará algumas pessoas a se afeiçoarem aos conceitos de carma e reencarnação. Mas vale a pena analisar as ideias só para tentar chegar a uma possível teoria sobre por que coisas boas acontecem a pessoas más. A alternativa, quando se trata de por que coisas ruins acontecem, é acreditar nos destinos ditados pelos deuses punitivos de várias religiões, ou na arbitrariedade do "acaso" sugerida pela ciência. Para mim, seguir a linha do meio do budismo atende às minhas necessidades.

À primeira vista, parece que a ideia de carma nos deixa em uma situação bastante desesperadora. Estaremos todos fadados a viver as consequências de erros do passado, sabe Deus quão distante do agora? Mas, embora não possamos escapar dessa "dívida cármica", uma vez paga, ela acabou, e nossa vida futura será moldada pelas lições que aprendemos com a experiência. Claro, você precisa escolher tirar lições das dificuldades.

O lado positivo

Escolhendo aceitar ou não as ideias de carma e reencarnação para explicar por que coisas ruins acontecem não muda o fato de que elas acontecem. No entanto, acreditar ou não que isso aconteça é menos importante do que aquilo que escolhemos fazer quando enfrentamos tal adversidade.

Muitos de nossos maus momentos pioram quando nos preocupamos e resistimos a eles. Tome como exemplo a intensa dor física de uma enxaqueca. Embora a dor, causada por qualquer erro que possamos ter cometido antes (consumir muito chocolate, café ou vinho tinto, estresse, muito ou pouco exercício, ou o que quer que seja), seja inegável, nossa relação com ela a torna mais fácil ou mais difícil de suportar.

Jon Kabat-Zinn é fundador do MBSR, um programa intensivo de oito semanas de redução de estresse baseado no *mindfulness*, que é ministrado em sua clínica de redução de estresse no centro médico da Universidade de Massachussetts. Desde o início do programa em 1979, ele e sua equipe ajudaram milhares de pacientes a aprender a lidar com a dor crônica usando as ferramentas budistas de meditação *mindfulness* (embora o curso seja secular por natureza).

O programa oferece estratégias que auxiliam os pacientes a mudar sua atitude diante da dor e o seu relacionamento com ela. Pode-se dizer que isso os estimula a encontrar o "lado positivo" da adversidade.

Um dos métodos de Kabat-Zinn para ensinar as pessoas a lidar com a dor é o "exercício do cadáver". Os pacientes ficam deitados e imóveis no chão, com os olhos fechados. Durante 45 minutos, pede-se que dirijam a atenção, por alguns breves momentos, a cada parte do corpo, começando pelos dedos do pé esquerdo e progressivamente subindo e passando pelo resto dos membros e torso, culminando no alto da cabeça. A instrução é simplesmente observar a sensação de cada parte do corpo (agradável, desagradável ou neutra) sem qualquer tentativa de ajeitar ou mudar nada. Dessa forma, eles se tornam "observadores" da dor em vez as "vítimas".

(Lembre-se do capítulo sobre meditação. A principal habilidade desenvolvida na técnica de meditação *Zazen* é observar objetivamente tudo o que acontece na mente, sem apego indevido. É possível fazer o mesmo com a dor.)

A dor, seja ela física, mental, emocional ou espiritual, não é nossa inimiga, sugere Kabat-Zinn. É simplesmente o sistema de alarme do nosso corpo nos avisando que há algo errado que requer atenção. O problema é que somos encorajados a ignorar os alertas e evitar a dor. De acordo com uma empresa líder de pesquisa de mercado on-line, o mercado global de alívio da dor tópica foi avaliado em US$ 7,481 milhões em 2017, e há a projeção de que chegará a US$ 13,276 milhões em 2025. Isso é automedicação demais para aliviar a dor.

Ironicamente, é nossa aversão, medo e resistência à dor que nos mantêm acorrentados a ela. Colocando nossa atenção e esforço em negá-la, não só ela se torna mais prevalente em nossa mente como também pode ser exacerbada quando nosso sistema de alarme "ignorado" grita mais alto para ser ouvido. Se não ouvirmos nossa dor, não seremos capazes de evitar o dano do qual ela está tentando nos proteger. No exercício do cadáver do programa MBSR, os pacientes começam a ver a dor não como um inimigo, e sim como um indicador de que algo está desequilibrado; e na maioria das vezes, uma vez que a dor é aceita e a lição aprendida, ela se atenua por seu próprio método "não opioide".

Da próxima vez que você sofrer qualquer tipo de dor, pare um momento para notar os "complementos" que cria para si mesmo além da própria dor. Por exemplo, sou tão resistente e tenho tanto medo da dor da enxaqueca que tensiono a mandíbula e os ombros, resultando assim em mais dor. Os budistas poeticamente chamam esse círculo vicioso de sofrimento causado pela resistência de *samsara*. O oposto é o *nirvana*. A saída do sofrimento, dizem eles, não é resistir, mas simplesmente "observá-lo com atenção plena, *mindfulness*". Dessa forma, embora a dor seja indiscutível, paramos de lutar contra ela e a deixamos "fazer o seu trabalho". Para mim, isso resulta em uma dor de cabeça que dura horas, em vez de dias. Um alívio bem-vindo, sem dúvida.

É hora de conhecer um dos nossos milionários budistas para quem a dor e a dificuldade ocorrem diariamente.

Mo

Ele é conhecido como Mo, mas seu nome verdadeiro é Moatez Jomni, e é um atleta paralímpico britânico de 30 anos.

Nascido na Tunísia, Mo passou a usar permanentemente uma cadeira de rodas quando, aos quatro anos, foi atropelado duas vezes em rápida sucessão.

"Foi um atropelamento e fuga. Eu tinha só 4 anos quando aconteceu, era apenas uma criança. Lembro bem: eu estava jogando futebol na rua e me sentei para descansar na calçada, e de repente um caminhão enorme veio e passou por cima das minhas pernas. Eu fiquei caído na rua, e então um táxi que vinha atrás do caminhão também passou por cima de mim. Talvez o caminhão tenha bloqueado a visão do táxi.

"Depois disso, minha vida inteira mudou", disse Mo.

Morando em uma área muito pobre da Tunísia, a família de Mo não podia comprar uma cadeira de rodas para ele. Quando Mo por fim saiu do coma, seus amigos e familiares passaram a carregá-lo nas costas até a escola. Sem ver um futuro de longo prazo na Tunísia, os pais de Mo trabalharam sem descanso para garantir asilo no Reino Unido, o lar adotivo dele.

Para muitos para-atletas, olímpicos ou não, os limites de sua deficiência dentro da área esportiva escolhida é apenas uma montanha a escalar; existem outros desafios, muitas vezes mais sérios. Para atletas presos a cadeiras de rodas, são os problemas de circulação sanguínea, complicações de distorção postural e dores constantes.

"Dos 21 aos 22 anos, eu era a pessoa mais doente de todas. Sofri uma queda e fiquei dois anos no hospital, entrando e saindo. Isso afetou minha lesão, tive úlceras por pressão, e afetou também minha medula espinhal. A cura é lenta quando você é deficiente", explicou Mo.

"A essa altura, eu me perguntava: 'Que diabos vou fazer da vida?' As coisas estavam muito ruins."

Durante sua jovem vida, Mo já havia sofrido imensas dificuldades, e teria sido perdoável se ele quisesse se refugiar em uma concha de amargura. Mas não. Não Mo.

"Um dia, tinha uns 23 anos, eu me sentei e disse a mim mesmo: 'Esta não pode ser a sua vida.' Naquele instante, algo mudou", disse Mo.

Em um momento de inspiração, ele decidiu voltar a se dedicar a uma aspiração que tivera aos 16 anos, uma meta que seus pais, naturalmente preocupados, haviam desencorajado, mas que agora, sendo um homem, não um adolescente, ele tinha autonomia para almejar. Mo seria atleta.

Mo entrou em contato com a UK Athletics, que o pôs em contato com a Weir Archer Academy. Jenny Archer, treinadora do lendário medalhista paralímpico David Weir, avaliou o potencial de Mo e concordou em ajudá-lo a "tentar".

Esta é uma lista das conquistas de Mo Jomni até o momento:

- Finais paralímpicas, Rio de Janeiro, 2016
- Medalha de bronze no Campeonato Mundial de Atletismo IPC, Doha, 2015, 200m T53 (classificação da corrida)
- Campeonatos europeus IPC:
  Medalha de ouro, Swansea, 2014, 400m T53
  Medalha de bronze, Swansea, 2014, 800m T53
  Medalha de ouro, Grosseto, 2016, 200m T53
  Medalha de prata, Grosseto, 2016, 400m T53
  Medalha de prata, Grosseto, 2016, 800m T53
  Medalha de bronze, Grosseto, 2016, 100m T53

Mo ainda está se esforçando muito e tem ambições cada vez maiores para sua carreira. Ao acabar a entrevista comigo, ele ia pegar um avião para mais um evento do Campeonato Europeu (ele ganhou medalhas de novo, duas vezes).

Eu estava reticente a perguntar se ele achava que o acidente de sua juventude havia sido, de alguma forma, uma "bênção disfarçada" — a pergunta pareceu involuntariamente piegas na minha cabeça depois de ouvir sua história. Fiquei aliviado quando ele disse que sim.

"Eu acredito nisso. O que passei foi como uma lição. Não desperdice sua vida, ela é curta demais", disse Mo. "Acho que você tem que passar por um processo muito demorado para criar algo sozinho. Enfim, minha criatura favorita é a fênix. É melhor renascer da sua própria destruição do que chafurdar nela."

Mo acertou em cheio, de uma perspectiva budista. Não podemos mudar o fato de que coisas ruins acontecem a pessoas boas ou não tão boas. Aceitar ou não as doutrinas budistas do carma e da reencarnação é irrelevante. No entanto, não importa como ela surja, podemos enfrentar a adversidade de apenas duas maneiras: com resistência ou aceitação. Como o autor Neale Donald Walsch aconselha em seu livro *Conversando com Deus*, "Tudo a que resistimos persiste; o que observamos, desaparece."

Espere o inesperado

Para você, como um potencial milionário budista, sem dúvida chegará um momento em sua jornada em que as coisas não acontecerão do seu jeito.

Se você puder aceitar a inevitabilidade disso desde o primeiro passo, diminuirá a dor consideravelmente; da mesma forma que abraçar uma entrada do adversário em uma disputa dói muito menos do que tentar estender o braço e torcer pelo melhor — o que quase sempre resulta em torções nos dedos e um ombro dolorido.

Além de se preparar para os tempos difíceis, você também pode praticar, como diz Mo, "não chafurdar na própria destruição". Você pode escolher deixá-la para trás.

Usando a prática da meditação, você pode optar por se tornar um observador das suas dificuldades, em vez de um participante em pânico. Se estiver sofrendo adversidades, quando se sentar para a sessão de meditação faça do problema o objeto do seu foco, no lugar da lama.

Traga o problema à mente: onde ele reside? Onde você o sente no corpo? Apena observe. Se fosse uma cor, qual seria? Apenas observe. É quente ou frio? Apenas observe. Resolva o problema observando dos bastidores com curiosidade, e não julgando.

Embora as dificuldades ainda tenham que ser experimentadas e vividas, com a prática você deixará de acrescentar mais traumas e prolongá-los por mais tempo do que o necessário. Você terá passado de uma posição de *samsara*, com todas as suas formas de apego, luta e resistência, para o *nirvana*, com suas características de facilidade, aceitação e pouco esforço.

Nesse novo estado de calma, mesmo diante da dor, é possível ver o lado bom e a lição oculta, inerente a cada tempestade, se prestarmos atenção suficiente para percebermos isso.

Lição 7
Moedas invisíveis

Tradicionalmente, os massoterapeutas japoneses eram cegos. Diz-se que, sem o sentido da visão, eles conseguiam se sintonizar melhor com a energia de seus pacientes e sentir onde predominava a fonte do desconforto. O problema para muitos de nós é que confiamos demais no que podemos ver, ao contrário desses antigos profissionais

O método científico de "prova" é vital para nossa educação, crescimento e evolução. Ninguém quer se comprometer com teorias e ideias que acabam sendo, na melhor das hipóteses, desprovidas de valor e, na pior, prejudiciais à nossa vida. Mas eu diria que todos nós confiamos demais nas descobertas e nas evidências de outras pessoas, incluindo cientistas. Abrimos mão da responsabilidade de descobrir as coisas por conta própria, uma vez que é tão fácil procurar informações no Google e encontrar pesquisas de outras pessoas, tutoriais em vídeo e aulas on-line.

Por favor, não me entenda mal. Não estou sugerindo que todos nós vaguemos pela vida imersos em uma névoa de ingenuidade, rejeitando evidências que não coincidem com as crenças que possamos ter em determinado dia: de jeito nenhum. Se eu precisasse de atendimento de emergência, sem dúvida preferiria um médico a um aromaterapeuta. O que estou sugerindo é que muitas vezes há mais coisas na vida do que nossos olhos veem — ou os daqueles que manejam o método científico.

Nem tudo que é valioso pode ser visto. Há também o que chamo de moedas invisíveis.

Pânico por conta de dinheiro!

Sunni Jardine, nosso milionário budista jogador de rúgbi da Parte I, me enviou uma mensagem, em pânico.

"Pai, acho que estou com um problema." Essas não são palavras que um pai quer ler.

Sunni chegou aos portões de entrada da estação de Birmingham para pegar o trem das 10h19 para Coventry e descobriu que não havia saldo suficiente em seu cartão para pagar a passagem. Já atrasado para o treino de rúgbi, consultou o banco: era verdade. Ele não tinha saldo (na verdade, tinha 54 centavos).

Sunni estava, naquele momento, com pouco dinheiro. Mesmo assim, ele ainda se qualifica como um milionário budista — embora novato.

Quando você dá o salto e decide por fim ir atrás do trabalho dos seus sonhos, seja um cargo cobiçado, um emprego ou abrir um negócio próprio, claro que terá preocupações financeiras. Na verdade, provavelmente o medo da falta de dinheiro foi um dos fatores que o manteve preso em um ambiente de trabalho nada ideal. Certo? Isso é natural, normal e algo que todo milionário budista deve superar.

É provável que você tenha dependentes, além de obrigações financeiras urgentes: isso pode ser um problema para muitos que estão começando um novo caminho.

Como o capitão do basquete olímpico da GB, Drew Sullivan, nos disse no sétimo capítulo: "Para muitas pessoas em um relacionamento, tende a haver a preocupação de cuidar do parceiro ou dos filhos, mas também pode levar ao ressentimento se você não for atrás dos seus sonhos."

"Sua primeira responsabilidade com a felicidade é consigo mesmo."

Obviamente é mais fácil fazer a transição se você e seus dependentes acreditarem que seu movimento ousado em direção ao trabalho dos seus sonhos vai dar certo. Você poderia mostrar a eles evidências de que tudo se moverá na direção certa. E eu diria que você pode; só que eles precisarão usar lentes diferentes para ver isso.

1 milhão agora ou 1.000 libras por semana pelo resto da vida?

Eu não poderia estar mais feliz pelo fato de Sunni ter decidido se dedicar a uma vida com a qual muitos não ousam nem sonhar ou nem imaginam que poderiam alcançar — a de atleta profissional. Estou igualmente satisfeito por ele estar sem dinheiro.

É fácil, quase inevitável, cair na armadilha de ver o dinheiro como o principal indicador do seu sucesso. Isso não quer dizer que o dinheiro não seja essencial para a vida moderna; uma premissa-chave deste livro é a aceitação da importância do dinheiro. Eu sustento minha afirmação de que é possível criar um trabalho que seja significativo e lucrativo, e não tenho intenção de renegar essa ideia em favor de uma premissa do tipo "Tudo bem estar quebrado, mas feliz".

Só que quando olhamos o mundo pelas lentes que nos permitem ver só o dinheiro como uma medida do sucesso, ficamos cegos para outras conquistas que, embora não sejam financeiras, são igualmente importantes. É um aspecto fundamental da epidemia da modernidade: valorizar apenas o que pode ser comprado. E outro é o desejo de gratificação instantânea.

Em 2018, a colunista do *Guardian*, Hannah Jane Parkinson, escreveu uma matéria fascinante intitulada: "Você aceitaria 1 milhão de libras agora ou 1.000 libras por semana pelo resto da vida?"[9]

Ela relatou a história de uma adolescente canadense que não só ganhou na loteria na primeira vez que jogou, como também enfrentou o dilema descrito na manchete. Ela acabou adiando a gratificação e optando pelas prestações, em vez da quantia total (se bem que mil libras por semana não é uma soma nem um pouco insignificante).

As partes mais interessantes da matéria foram alguns fatos sobre ganhadores da loteria e seus vizinhos. Não apenas as evidências mostram que os ganhadores da loteria nos Estados Unidos têm mais probabilidade que uma pessoa média de declarar falência dentro de três a cinco anos, como também seus vizinhos frequentemente acabam em dificuldades financeiras.

Por que diabos isso aconteceria? É simples: é provável que tanto os ganhadores da loteria quanto seus vizinhos estejam olhando para o mundo usando as "lentes do dinheiro". As coisas que o dinheiro pode comprar dão importância (ainda que superficial) aos ganhadores da loteria, enquanto os vizinhos, temendo ficar para trás, tentam acompanhá-los usando linhas de crédito. Isso é o que acontece quando o dinheiro é considerado a única moeda de sucesso. Você acaba dando importância demais a ele e metendo-se em apuros.

Quando, por qualquer motivo, sua conta bancária chega ao fundo do poço, você é forçado a procurar valor em outro lugar. E é onde você encontrará moedas invisíveis.

Londres-Birmingham-Coventry

Se você pretende seguir carreira no esporte profissional, se consegue suportar as trombadas, hematomas, concussões, horários extenuantes de exercícios e quantidades absurdas de treinamento de força e condicionamento, sugiro o rúgbi!

O rúgbi foi descrito como "um jogo de rufiões jogado por cavalheiros", ao passo que o futebol é considerado "um jogo de rufiões jogado por rufiões". Não tenho nenhuma opinião sobre nenhum dos dois, mas o que gosto nos clubes profissionais de rúgbi é que seus jogadores são duros como rocha e muito bem-educados.

Os clubes de rúgbi encorajam seus jovens jogadores não apenas a fazer o máximo para dominar as habilidades profissionais do esporte, mas também a concluir os estudos simultaneamente. Com isso em mente, eles oferecem a jovens como Sunni uma vaga em um "programa acadêmico".

Em suma, o programa acadêmico permite que jovens aspirantes jogadores de rúgbi joguem profissionalmente enquanto em paralelo concluem os estudos universitários. Os jogadores treinam com atletas de ponta, mas competem nas equipes A, B e C, um pouco menos exigentes, o que lhes permite administrar as demandas do esporte profissional e da formação universitária.

É um sistema exclusivo do rúgbi, pelo que sei. Outros esportes — futebol, por exemplo — favorecem uma abordagem "tudo ou nada", em que os jovens jogadores sacrificam tudo para mergulhar de cabeça no treinamento profissional, na esperança de que um dia sejam selecionados para um time de primeira linha. Poucos conseguem. Muitos são deixados de lado sem cerimônia, com seus sonhos de uma vida de superastro destruídos e sem nenhuma formação educacional à qual recorrer.

Esse contraste no estilo de desenvolvimento do esporte é indicativo do pensamento de curto prazo do futebol. O rúgbi valoriza "a moeda invisível" da educação, preferindo nutrir o talento profissional ao longo dos anos. O futebol, visando e vendendo a seus jovens jogadores o sonho do estrelato, oferece uma aposta de alto risco e alto retorno, que alguns vão ganhar e muitos não.

Mas não é por isso que escolhi esse exemplo. Eu o escolhi porque foi a estratégia de longo prazo maravilhosa e admirável do sistema acadêmico do rúgbi que fez Sunni ficar sem dinheiro!

Em uma semana normal, Sunni vive em três casas. Ele mora no campus da Universidade de Birmingham quatro dias por semana; em Coventry, em acomodação compartilhada com outros jovens jogadores de rúgbi dois dias por semana; e, se tiver energia, volta para nossa casa em Londres uma noite por semana. Foi o custo subestimado da tríade de viagens de trem que deixou Sunni quase sem um tostão.

Claro que o "Banco do Papai" ajudaria, mas também fiquei satisfeito por ter a oportunidade de dar alguns conselhos financeiros há muito atrasados, e também de lançar uma luz sobre a ideia de moedas invisíveis.

É vital abrir os braços para a lição deste capítulo para quem precisa superar um saldo bancário exíguo (ou inexistente). Muitas pessoas talvez estejam decidindo abandonar um trabalho que, embora não seja mais inspirador, pelo menos oferece um padrão de vida ao qual estão acostumadas. Se o valor de deixar a zona de conforto de sua carreira não for igual ou superior ao de ficar onde está, será muito difícil encontrar motivação para continuar enfrentando as dificuldades.

Então, quais são exatamente as moedas invisíveis? São coisas que têm valor, mas não podem ser trocadas por notas ou moedas (ou qualquer outra moeda fiscal).

Vamos continuar com o exemplo da situação de Sunni. No papel, sua conta bancária mostra o mesmo grau de saúde de um amigo dele, a quem chamaremos de Geoff. Geoff é um bom rapaz, mas ainda não encontrou seu caminho na vida. Desde que deixou a faculdade (que ele não conseguiu completar), vive no sofá dos pais jogando videogame — e isso não é exagero. No que diz respeito ao dinheiro, Sunni e Geoff estão no mesmo barco, apesar dos esforços que meu filho está fazendo para obter um diploma e uma promissora carreira no rúgbi. Esse é um fato que incomoda muito Sunni.

Do meu ponto de vista como figura parental, se Geoff houvesse me pedido para ajudá-lo a sair de sua situação "sem dinheiro", eu teria oferecido pouco mais que uma pilha de formulários de inscrição para entrevistas de emprego. Mas quando Sunni precisou de ajuda, por conta das evidências de suas moedas invisíveis, achei apropriado ajudá-lo. Mas isso não tem a ver comigo e minhas escolhas parentais.

Vamos identificar algumas moedas invisíveis na vida de Sunni:

- Desenvolvimento de habilidades no rúgbi.
- Desenvolvimento de força, condicionamento e coordenação.
- Habilidades de gestão de tempo, desenvolvidas por ter que estar em lugares diferentes em momentos diferentes.
- Disciplina e autocontrole (resistir ao comportamento normal de um garoto de 19 anos em favor do treinamento *e* dos estudos).
- Comunicação escrita e outras habilidades acadêmicas, desenvolvidas durante os estudos para obter um diploma.

Vamos dar uma olhada em outro exemplo (para não exagerar nas histórias de "pai orgulhoso") no qual moedas invisíveis também podem ser encontradas.

O círculo vicioso da inexperiência

Sair da escola ou da universidade para entrar no mercado de trabalho ou fazer a transição de uma área profissional, na qual você tem experiência, para outra onde não tem nenhuma, pode nos ensinar muito sobre moedas invisíveis.

Ao iniciar um novo empreendimento ou se candidatar ao primeiro emprego, a proverbial "faixa branca" está na base da escada da carreira. Com sua experiência e habilidades profissionais do momento, as pessoas muitas vezes não conseguem definir seu valor financeiro muito acima do salário-base, isso se conseguem arranjar um emprego. Muitas vezes me questionei sobre esse círculo vicioso cruel, no qual um jovem candidato a emprego é rejeitado por falta de experiência. Onde, sem esse primeiro emprego, eles começarão a adquirir essa experiência?

Segundo os resultados mais recentes de um relatório da UK Civil Society Almanac,[10] estima-se que 11,9 milhões de pessoas realizam trabalho voluntário pelo menos uma vez por mês no Reino Unido. O voluntariado é uma das maneiras mais fáceis e óbvias de desenvolver uma infinidade de moedas invisíveis. O relatório continua listando o seguinte como alguns dos "benefícios do voluntariado estudantil":

- Retribuição e ajuda aos outros.
- Desenvolvimento de habilidades e experiência de trabalho.
- Construção de uma comunidade.
- Possibilidade de conhecer pessoas novas.

Todos esses são exemplos de moedas invisíveis obtidas com o maravilhoso trabalho voluntário. Elas não podem ser trocadas diretamente por dinheiro agora, mas sem dúvida contribuirão para o acúmulo de grandes recompensas futuras, incluindo financeiras. Mesmo assim, muitas pessoas não conseguem compreender o valor desse trabalho não pago e de gratificação posterior.

Eu quero tudo e quero agora

Eu diria que a maioria das coisas boas da vida tem um valor que não é facilmente trocado por dinheiro: um lindo nascer do sol, o canto da cotovia, um elogio a alguém, abrir a porta para uma pessoa, deixar um carro entrar na sua frente.

Fui criança nos anos 1970 e me lembro de ter que esperar até o final da semana para que meu irmão e eu, com uma moeda de 50 centavos firmemente apertada na mão, fôssemos animados até uma loja para comprar um saco de balas. O verdadeiro valor era a moeda invisível da paciência estimulada por uma semana de espera.

Não vou lançar aquele velho clichê de que "as coisas eram diferentes na minha época" (mas eram!), mas é inegável que hoje vivemos em uma era de gratificação instantânea muito diferente de antigamente. Não precisamos mais perder tempo pesquisando as respostas do dever de casa na *Enciclopédia britânica*. Agora não gastamos semanas economizando para algo, pois o supermercado nos dá o "terceiro de graça" quando compramos dois por quase nada. Nem esperamos, ansiosos, semanas a fio até que as fotos do feriado fiquem prontas — que podem ser o que esperávamos, mas também podem acabar sendo um monte de manchas amareladas; ou pior, fotos da lua de mel de outra pessoa. Temos nossas próprias selfies à mão, instantaneamente, em nossos celulares! Embora a vida moderna sem dúvida tenha melhorado de muitas maneiras, parece que perdemos, ou pelo menos diminuímos, nosso respeito por coisas como moedas invisíveis. Será a nossa reapreciação delas que nos ajudará nos primeiros e às vezes difíceis passos do milionário budista. É hora, sugiro, de começar a procurar o valor daquilo que é aparentemente sem valor.

Pequenas vitórias

Como mencionei no capítulo anterior, é importante reconhecer o lado bom das tempestades. O palestrante motivacional e escritor Wayne Dyer resume isso muito bem quando diz: "Para ver a mudança, mude a maneira como você vê."

Encontrar um valor que não seja óbvio, ou que seja de uma moeda diferente daquela com a qual você está familiarizado, exige esforço e prática. Para começar, vou lhe ensinar o exercício de "pequenas vitórias", um dos meus favoritos, emprestado de uma amiga professora. A fim de desenvolver a confiança e a sensação de autoestima de seus alunos, ela os incentiva a reconhecer suas pequenas vitórias com o uso de um pote de bolinhas de gude.

Cada criança tem um pote de bolinhas de gude em sua mesa. Quando fazem algo notável (terminam uma tarefa a tempo, dedicam grande esforço a um trabalho, demonstram gentileza para com outro aluno etc.*), minha amiga realiza "a cerimônia das bolinhas de gude".

Com pompa e circunstância, ela pede à criança que vá à frente da classe com seu pote de bolinhas de gude para receber outra como prêmio. A criança abre a tampa do pote e joga

---

* Note que ela busca recompensar os esforços, em vez de resultados, alinhada à filosofia da mentalidade de crescimento, conforme ensinado pela Dra. Carol Dweck em seu livro *Mindset*.

a bolinha, que provoca um tinido, e após receber aplausos, volta feliz para sua cadeira. Depois de várias semanas, quando o pote de bolinhas de gude de um aluno está cheio, ele recebe um pequeno prêmio.

A cerimônia pública, os aplausos de apoio, o tinido satisfatório da bolinha de gude e a atração visual de um pote ficando cheio são experiências positivas na mente da criança. A criança logo reconhece que o esforço leva a mais bolinhas de gude ("pequenas vitórias") e, assim, começa a perceber que moedas invisíveis (gentileza, esforço, educação etc.) acabam se tornando um prêmio tangível.

É um exercício maravilhosamente simples que alcança resultados com crianças e que também pode beneficiar a todos nós no caminho do milionário budista.

Permitam-me mais um exemplo da minha época de professor de tênis. A maioria dos jogadores de tênis amadores que fazem aula individual com um profissional quer melhorar seu saque.

No tênis, o saque inicia o jogo. É a habilidade de superstar do tênis, uma vez que é o que os espectadores mais admiram quando assistem a jogos profissionais. É o equivalente no tênis ao nocaute com um soco só no boxe, ou o *hole-in-one* no golfe. O problema é que essa é a habilidade mais complexa e difícil de dominar.

O saque não requer apenas a coordenação de uma série de movimentos complexos, mas também acertar a bola na menor zona-alvo da quadra de tênis: o *service box*. Nem é preciso dizer que um novato passa por muitos "fracassos" antes de ser bem-sucedido.

Muitas vezes um tenista profissional constrói sua reputação (e preenche seus diários de classe) com base em sua capacidade de ajudar os jogadores a melhorar seu saque: "Nossa, procure Matt, ele me ajudou muito com meu primeiro saque"; "Cara, você viu o que Dave fez pelo meu segundo saque *tops-pin*? O cara é um gênio". Eu fiquei fascinado com o desafio de ensinar o saque e me comprometi comigo mesmo a melhorar substancialmente o saque de qualquer jogador amador em apenas meia hora. Nem é preciso dizer que muitas pessoas me procuraram para ver se era verdade. E era.

Mas eu não fiz nada de especial. Eu não tinha nenhuma visão supertécnica da biomecânica da ação de sacar; não pesquisei a carga ideal das pernas em relação ao impulso para cima. Não calculei o melhor ângulo de impacto ou velocidade ideal de aceleração e desaceleração da cabeça da raquete na bola. Não fiz nada disso (na verdade, meus colegas fizeram essas coisas muito melhor do que eu). Não, tudo que fiz foi pedir aos meus alunos que mudassem as lentes pelas quais viam o sucesso. Pedi que procurassem moedas invisíveis.

Como mencionei, um dos maiores desafios no saque é que a área em que a bola deve cair para ser considerado um "sucesso" é significativamente menor do que para todos os outros lances. Se o saque cair fora do *service box*, foi "fora" e você "fracassou".

Um novato, ou até mesmo um intermediário, enquanto está desenvolvendo sua técnica, tem mais probabilidade de "errar" do que de "acertar", e isso às vezes é extremamente desmotivador. O fracasso repetido é suficiente para abalar o espírito de qualquer pessoa. Mas será que um saque para "fora" é mesmo um fracasso?

Bem, sim e não — depende de como você olha. Se a única medida de sucesso é "dentro" ou "fora", então sim, é um "fracasso". Mas se você observar que, embora ainda não esteja acertando o saque na área certa, está sempre em contato com a bola (o que não acontecia antes), verá que está melhorando. Assim, o coração se alegra um pouco, os ombros relaxam e o progresso futuro é estimulado por uma abordagem mais agradável do aprendizado.

É a mesma coisa quando estamos desenvolvendo um trabalho lucrativo e significativo. Se sua única medida de sucesso for o dinheiro (o saque no *service box*), lamento dizer que você vai "fracassar" muito mais antes de "ser bem-sucedido". Entretanto, se você começar a procurar outros marcadores de progresso (as pequenas vitórias e as moedas invisíveis) sempre vencerá.

Mais uma vez, peço que não me entenda mal. Não estou sugerindo, de forma alguma, que você mascare os desafios que encontrará ao longo do caminho do milionário budista. Não estou sugerindo que finja, com a cabeça enfiada na areia, que os desafios não existem, ou que tudo bem não estar onde você quer estar. Você tem uma meta a alcançar e precisa alcançá-la, mas não faz sentido abandonar o caminho, desmotivado, porque não percebeu os grandes (embora sutis) ganhos que obteve até agora.

Falei com Selina Lamy sobre isso — nossa ex-Citibank que virou coach, de quem falamos nos capítulos anteriores —, e ela disse: "Concordo totalmente, você tem que procurar outros marcadores de sucesso além do dinheiro (embora ele seja importante). Há muitos outros valores em fazer um trabalho que adoro e no fato de que todos se beneficiam disso. Estou muito mais feliz e realizada comigo mesma, mas também muito mais presente para as crianças, porque não volto para casa carregando o fardo de um trabalho que me esgota. Eu não poderia ter previsto os ganhos não financeiros dessa mudança de direção, mas eles são enormes e significativos."

Percebendo moedas invisíveis

Tente este exercício:

- Na extremidade direita de um pedaço de papel, escreva uma meta financeira ligada ao trabalho. Por exemplo, você pode escrever: "Ganhar 5 mil por mês vendendo minha arte."
- Agora, no verso do papel, escreva onde você está, do ponto de vista financeiro: "No momento não estou ganhando nada e tenho 2 mil em dívidas, pois financiei material de arte com meu cartão de crédito."
- Agora, você tem os dois extremos do seu "espectro financeiro". Você declarou com franqueza onde está (sem negar) de um lado, e onde almeja estar (sem diminuir metas ou padrões) do outro.
- Desenhe uma linha conectando os dois extremos.
- No meio, comece a preencher todas as moedas invisíveis que você ganhou ao longo do caminho até agora, como: "mais tempo livre", "menos estresse" etc.

Cole esse gráfico na parede ou na geladeira e continue acrescentando informações sempre que ganhar uma nova moeda invisível. Além disso, de vez em quando, quando sua situação financeira mudar, anote-a também. Assim, você vai adquirir o hábito de reconhecer e honrar moedas invisíveis, e ao mesmo tempo verá que elas realmente geram dinheiro!

Como você pode ver, essa é apenas uma versão mais adulta do exercício do pote de bolinhas de gude usado para inspirar as crianças. Use-o sempre que quiser. Eu uso.

Lição 8
Amor, gratidão e coração (sutra)

O Japão é famoso por sua *sakura* — ou flor de cerejeira. Essa flor de um tom rosa sutil é reverenciada pelos japoneses, e a cada ano eles celebram sua aparição com *hanami* — literalmente, festivais para a "observação de flores". Quando o clima da primavera esquenta e as cerejeiras explodem em uma massa de algodão-doce rosa, amigos, famílias e entes queridos se reúnem embaixo delas para comer, beber (muitas vezes muito sakê), rir, conversar e se deleitar com a beleza e pungência da transitoriedade da *sakura*.

A *sakura* é considerada pelos budistas, há muito tempo, um símbolo da impermanência e da natureza efêmera da vida (*mujō*), pois essas flores em geral não duram mais que dois dias antes de cair de seus galhos e se acumularem em uma crescente pira funerária rosa e branca.

Durante o tempo que estive no Japão, escrevi o seguinte sobre a *sakura* em meu diário:

Flor cor-de-rosa caída,
Deitada na chuva,
Ainda linda
Em sua morte.

Quase que não as noto. Quase que não percebo as cerejeiras que floresceram incomumente cedo em um dos templos da peregrinação. E perder essa visão teria sido um grande erro e uma constante fonte de pesar.

Gigantes corporativos — Feras sem coração?

Se você cortar Matt Hastings ao meio, provavelmente descobrirá que ele é feito de polpa de milionário budista (se é que isso existe).

Matt foi recomendado a mim como candidato a milionário budista porque ele era "diferente, realmente diferente. Ele é bem o que você está procurando". Apesar de não saber o que esperar, não fiquei desapontado.

Fiquei esperando em um estacionamento na Cornualha, enquanto Matt parava com seu velho Land Rover Aintree verde. Com um alegre aceno, ele me chamou para que eu entrasse no carro, e fomos até um café perto da praia para conversar. Gostei dele de imediato.

Matt é uma pessoa que passei a considerar um "dissidente corporativo", em parte devido a algo que li em seu LinkedIn: "Ele abriu sua primeira startup aos 17 anos (uma nova geração) e tem tumultuado os negócios tradicionais desde então."

Consequentemente, ele é o candidato perfeito para elucidar esta oitava lição.

Embora ele tenha um diploma universitário (bacharel em Ciência, com louvor, em Tecnologias de Energia Renovável e Gestão de Recursos Ambientais pela Universidade de Plymouth), Matt se orgulha de que a maior parte de seu conhecimento e experiência foi conquistada com dificuldade nesse outro sistema educacional conhecido: a Universidade da Vida. Armado com um espírito vibrante (ele tem as palavras "Master your spirit" tatuadas nas costas, mas confessa, rindo, que devem ser lidas de trás para frente — ele fez a tatuagem durante um feriado etílico em Biarritz, aos 19 anos), Matt me diz que é "obcecado por tentar fazer as coisas de um jeito meio diferente".

"Acho que, de uma perspectiva espiritual, sempre fui fascinado por buscar a sinceridade comigo mesmo", explica ele. "Acho que a única maneira de poder crescer como pessoa é [regularmente] checando onde minha cabeça está."

Em 2001, após a tragédia das Torres Gêmeas do 11 de Setembro, grande parte da economia mundial entrou em crise, assim como a empresa de mídia de Matt, a Havoc Marketing.

"O mundo havia acabado de morrer", disse ele durante o almoço. Todo o dinheiro desapareceu da mídia e da publicidade.

"Olhando para trás, cheguei a um momento particular de minha vida em que pensei: 'Não estou gostando de Londres, não estou gostando de meu trabalho. Dinheiro não é tudo. Algo precisa mudar.'" Então ele deixou o Reino Unido e foi para a Nova Zelândia, inspirado por imagens da deslumbrante beleza natural desse país.

"Morei na Nova Zelândia durante dois anos; aprendi a surfar, fazer snowboard, pescar com moscas — o esporte mais espiritual de todos — e conheci minha esposa quatro semanas depois de chegar", acrescenta ele com um sorriso.

Matt e sua esposa voltaram ao Reino Unido. Embora seja originalmente da Escócia, a esposa dele não queria voltar para lá, e ele, já esgotado da agitação da vida na cidade, não queria voltar para Londres. Então acabaram indo para Plymouth.

"Entrei na área de energia renovável em 2005. Pensei: 'É aqui que você consegue, com sorte, um dinheiro decente e se sente bem com o que está fazendo'", explicou ele.

Um planeta mais limpo e mais verde

Que as energias renováveis são potencialmente um grande negócio não é mais novidade, e onde há grandes negócios há também gigantes corporativos. Um desses gigantes é a Centrica Plc.

Centrica é uma empresa multinacional britânica de energia e serviços. Sua principal atividade é o fornecimento de eletricidade e gás a empresas e consumidores domésticos no Reino Unido, Irlanda e América do Norte. Com uma receita operacional de 1,392 bilhão de libras em 2018, ela é uma gigante do ramo. Muitas vezes, esses gigantescos comerciantes, com a cabeça erguida acima das nuvens de lucros e perdas, não conseguem ver o que há por trás deles: nem a bela flor de *sakura* florescendo nem a ética de trabalho "espiritualmente guiada" de dissidentes corporativos como Matt Hastings.

Matt admite que sua mente e sua visão de negócios tendem a operar alguns anos à frente da "curva normal". Quando ele entrou na Centrica, em abril de 2014, com o único objetivo de convencer a empresa a buscar uma visão para os mercados de energia locais, as chances estavam contra ele. Uma das críticas feitas às grandes corporações é que sua obsessão pelo lucro muitas vezes as deixa cegas para estratégias e ideias visionárias. Mas em 2016 Matt conseguiu a cifra sem precedentes de 19 milhões de libras da Centrica para financiar um teste de algo que ele havia concebido — o primeiro mercado de energia local do Reino Unido na Cornualha.

"Acho que está ocorrendo uma mudança fundamental, mais em alguns setores do que em outros", disse Matt. "Sem dúvida ainda não chegamos lá [totalmente], mas estamos nos primeiros passos dessa jornada pela qual as empresas estão ganhando um quê de alma, estão começando a ganhar músculos de alma.

"Seja no setor bancário, de energia, de seguros ou qualquer outro, elas estão começando a perceber que, na verdade, se não for para defender algo, de que adianta? Se quiser ter um negócio no futuro, tem que fazer o que é melhor para as pessoas, não só o que é melhor para os seus acionistas."

O sentido da vida

O sentido "mais profundo" da vida está sempre vibrando baixinho ao fundo, e você pode ouvi-lo, se quiser. Às vezes, porém, você precisa de alguém ou de algo que o faça lembrar que está lá. Para a Centrica, foi Matt Hastings, e para mim, na Peregrinação aos 88 Templos, foi Hajime San (o Sr. Beginnings, que você conheceu no início do livro). Eu teria passado direto pela maravilha transitória e precoce da *sakura*, não fosse pelas palavras de Hajime, que ainda ecoam em meus ouvidos por conta do tempo que passamos juntos: "Não se esqueça do coração da peregrinação, Matto San; não se esqueça do sutra do coração."

O *Hannya Shingyō* — sutra do coração — é um ensinamento fundamental no budismo e essencial para a Peregrinação aos 88 Templos. Nesse caso, "coração" significa "núcleo de", em vez de bondade, mas dizem que suas lições desenvolvem qualidades de "bom coração".

A oração aforística do sutra do coração é cantada três vezes em cada um dos 88 templos. O propósito de recitá-la é despertar sabedoria, compaixão e bondade. Não posso dizer com certeza que cantar sobre sabedoria e compaixão leva ao desenvolvimento de sabedoria e compaixão, mas posso dizer que, à medida que a peregrinação avançava e os cantos se acumulavam, algo em mim se tornava um pouco mais leve e amistoso.

Cada um de nós — você, eu, Matt Hastings, gigantes corporativos, todos — suspeita que há mais coisas na vida que o que está sendo expresso atualmente, mas é fácil desviarmos de nossos ideais. Esse pode ser seu caso também, ao lutar por seu fim de se tornar um milionário budista. A lição deste capítulo tem como fim lembrar-lhe de tirar os olhos de sua meta de vez em quando, para não perder a flor de vista.

Experimente este exercício para se divertir: da próxima vez que você estiver na rua principal da sua região, fazendo compras, tarefas ou almoçando, PARE! Olhe para os andares superiores e os telhados dos edifícios pelos quais você já passou centenas de vezes. Reserve um momento para ver o que teria perdido se continuasse a passar correndo, às cegas, por seu dia afora. Quando faço isso, sempre me surpreendo com o que não vi e estava bem diante dos meus olhos, bastando inclinar a cabeça com atenção.

Continuando, permita-me fazer a seguinte pergunta: a motivação subjacente da vida é boa, ruim ou indiferente? Ou, perguntando de outra maneira: a vida prefere criar, destruir ou não fazer nada? Vou lhe dizer por que pergunto isso: porque a resposta fornece a base para tudo o que fazemos em nossa vida pessoal, profissional e social.

É complicado, não é? Lembre-se de que, ao longo da história, as pessoas tiveram sucesso nas três motivações. Quem está certo? Se a motivação da vida é a bondade, como as pessoas podem se tornar tão proficientes em coisas ruins? Se, como outros sugerem, a vida não está nem aí, por que devemos nos preocupar em melhorar? E isso é mesmo possível? Tenho essa questão na cabeça (quase me atormentando desde a adolescência). Este livro não pretende responder à grande questão do "sentido da vida", mas tenho algumas ideias que podem ser relevantes para você.

Em última análise, apesar das coisas ruins que acontecem (releia o capítulo sobre carma para encarar esse enigma complicado), a vida é boa. Além disso, gostaria de sugerir que a vida é amorosa e realmente deseja que todos nós sejamos bem-sucedidos!

Se a motivação da vida fosse outra coisa senão boa, amorosa e criativa, simplesmente nenhum de nós estaria aqui. Se a vida fosse destruidora, ou pelo menos um tipo "não problemático" de adolescente apático, não teria empunhado a varinha criativa para nos dar força para viver. Aquela primeira ameba, muito tempo atrás, teria continuado sem nascer.

O fato de eu ter escrito este livro e você estar se esforçando para lê-lo (muito obrigado) é uma prova de que a vida na verdade é um dos mocinhos, e quer que sejamos bem-sucedidos (ou que, pelo menos, continuemos espalhando nossos genes). É bom saber que temos a grande arma do nosso lado e que ela tem mais alguns dons que podem acelerar nosso progresso no caminho do milionário budista.

Amor e gratidão

Tanto já foi escrito sobre amor e gratidão (muitas vezes de um jeito que me deixa até meio desconfortável), que hesitei em focar neles aqui. Mas essas duas emoções são cruciais para garantir um trabalho lucrativo e significativo, e parece certo incluí-las neste estágio da jornada. O que tentarei, entretanto, é evitar clichês e conselhos melosos.

No início, falamos que, em um dado momento, todos nós estamos viajando para um destino, positivamente, ou para longe dele, negativamente. Embora o destino final possa ser o mesmo, as motivações para viajar são bem diferentes.

Em seu livro, *Letting Go*, o Dr. David R. Hawkins descreve uma escala de sentimentos e emoções que vão do negativo ao positivo. São eles: vergonha, culpa, apatia, tristeza, medo, desejo, raiva, orgulho, coragem, neutralidade, boa vontade, aceitação, razão, amor, alegria (e gratidão) e paz.

Não será nenhuma surpresa ver amor e gratidão até agora na escala mais leve das emoções. Todos nós temos experiência de como é bom ajudar alguém em um momento de necessidade. E quando nos sentimos bem e atuamos em um "estágio mais leve" de emoção, a vida parece correr com mais suavidade. Não precisamos ser metafísicos e perguntar como ou por que isso funciona; só precisamos olhar para nossa própria vida para saber que é algo que funciona.

Tenho um amigo que se orgulha de seu ceticismo, ateísmo e resistência geral a qualquer "enrolação" e "tolice" que possa jorrar da boca dos que exaltam as virtudes do amor e da gratidão. No entanto, nem mesmo ele pode negar que sua vida tende a ser mais tranquila quando está de bom humor. Ele explica a boa sorte que muitas vezes seguem aqueles que têm uma atitude positiva como "viés de confirmação" — um produto de processos neurológicos e bioquímicos simples realizados pelo cérebro para apoiar informações ou crenças que confirmam nossos vieses previamente existentes. Seja como for que se explique, em termos metafísicos, poéticos, religiosos ou científicos, a verdade é que os sentimentos e emoções positivos são mais úteis para a nossa causa do que os negativos.

Contando suas estrelas da sorte

É preciso esforço e prática para tornar o hábito da gratidão parte da colcha de retalhos da sua vida. Parece ridículo sugerir que ser grato é algo que precisa ser desenvolvido. Mas, assim como ocorre com todos os hábitos, ele precisa, sim.

O modo-padrão da sociedade moderna é culpar, encontrar defeitos e destacar as fragilidades de qualquer situação. Vejamos os noticiários. A maioria das reportagens tem um tom negativo, sendo a exceção uma história simbólica de bem-estar de noventa segundos deixada para o final, para iluminar seu dia. Não estou sugerindo que Pollyanna deve dar todas as notícias de agora em diante e só relatar as coisas boas da vida, mas que o equilíbrio atual, está inclinado para a negatividade. Sabendo disso, cabe a nós desenvolver a capacidade de gratidão.

Em sua transição de onde está agora para onde deseja estar, haverá tempos desafiadores. Esses são os momentos perfeitos para desenvolver gratidão, iluminar seus sentimentos e trazer um pouco de equilíbrio emocional de volta à sua vida.

Experimente este exercício simples para entrar no espírito da gratidão: ao acordar de manhã, antes de sair da cama, fique quieto por alguns momentos. Pense em uma coisa pela qual você é grato. Lembre-se de nossa lição anterior sobre trabalho inteligente; você não precisa ser grato por tudo na vida — basta escolher algo. Por exemplo, nesta manhã, acordei e percebi que nas últimas sete noites não precisei do meu inalador para asma — ótimo, obrigado. Procure esses tipos de coisas: normais, reais, do dia a dia. Termine o exercício com um grande sorriso, mesmo que tenha que forçá-lo. Há evidências significativas que sugerem que um sorriso "mecânico" feito na ausência de felicidade logo a incentiva, como se o cérebro fosse "enganado" para lidar com essa discrepância. Tente. Funciona.

Depois de começar a desenvolver o músculo da gratidão, você não apenas estará mais bem equipado para encontrar mais lados bons nas nuvens carregadas como também para perceber os maravilhosos e sutis dons que a vida lhe concede indefinidamente — caso se dê ao trabalho de reparar.

Isso ajudará em sua transição para um trabalho lucrativo e significativo de várias maneiras.

Paciência

Ao lutar por qualquer objetivo, há sempre a questão da paciência para ser superada.

Digamos que ao ler este livro você esteja inspirado para se mover em direção à carreira dos seus sonhos e largar o trabalho que suporta só para pagar as contas.

Muito empolgado e pronto para começar, você leu os capítulos anteriores e decidiu o que realmente gostaria de ser. Um astro de rock, talvez? Ótimo. CEO? Legal. Uma figura parental que trabalha de casa? Maravilha.

Sua jornada começou com a sua decisão — a parte mais importante. Mas ainda há um caminho para ir do ponto A rumo ao ponto B. Nesse meio-tempo, você ainda tem que aguentar um trabalho do qual pode não gostar muito, até porque já tem um lugar onde preferiria estar. É aí que a gratidão se torna uma ferramenta útil.

Ao terminar qualquer relacionamento — e o trabalho é só mais um tipo —, você pode colocar um ponto final de uma maneira gentil ou rude. Na escala emocional do Dr. Hawkins, essas maneiras estão a quilômetros de distância umas das outras.

Infelizmente, posso falar de ambas por experiência própria. Em minha época de juventude e obstinação, quando decidia virar a página administrava a transição com beligerância, impaciência e muitas vezes infantilidade. Não me orgulho disso e me pergunto se, na imaturidade, já precisei mentalmente desgostar da minha vida anterior e afastá-la para seguir em frente e me recriar: metaforicamente queimando velhas pontes, caso eu perdesse a coragem e tentasse voltar. Era uma tática que, embora desagradável, funcionava. Até que, com a idade, percebi que não precisava ser assim.

Com a experiência, quando os anseios familiares por mudança começaram a me mostrar que era hora de evoluir, abordei essa ação olhando para trás, e não para frente. Comecei a refletir sobre todos os momentos e experiências maravilhosas que meu ambiente de trabalho atual me proporcionava. Listava tudo o que havia aprendido, como havia crescido e como estar onde estava me preparava para chegar onde queria. Assim, sentia um *continuum* alegre, em vez de uma separação impaciente e furiosa. Com essa nova atitude, com transparência, gentileza e, claro, gratidão, eu podia abordar com tato e respeito as pessoas que precisavam ser informadas sobre os meus planos de mudança. Em várias ocasiões, as pessoas que eu estava deixando até me ajudaram a caminhar na direção dos meus novos objetivos. Foi uma grande mudança de atitude para mim, movida pela gratidão, e que recomendo sinceramente.

Metta — A arte da bondade amorosa

Metta é uma palavra do sânscrito que se traduz como "bondade amorosa", "boa vontade", "benevolência", "amizade" e "compaixão" — todos sentimentos e emoções muito edificantes.

O objetivo final do budismo é propagar sabedoria para que você possa cultivar a bondade para com os outros e ajudar a libertá-los do sofrimento em todas as suas formas. Uma tarefa bem difícil — acho que você vai concordar —, e um pouco fora do escopo deste livro; afinal, eu só quero que você faça o trabalho que adora e ganhe dinheiro com isso! *Metta*, a arte da bondade amorosa, ajudará você.

Pense em cinco pessoas que você conhece que são imbuídas das qualidades de felicidade, bondade e amizade. Agora, pense em cinco que costumam demonstrar o oposto: emoções amargas. Com qual desses grupos você naturalmente deseja passar mais tempo? É óbvio, não? Em geral, somos mais atraídos pela positividade do que pela negatividade.

Deixando de lado as questões morais, ser gentil também nos ajuda em termos evolutivos. Se uma pessoa é mais fácil de conviver, cooperativa, atenciosa e prestativa, é mais provável que ela seja bem-vinda em uma tribo para ajudar a garantir o futuro da comunidade do que alguém que está tentando destruí-la com suas atitudes e ações negativas. Assim como acontece com a gratidão, a gentileza e o amor o ajudarão a avançar em direção ao trabalho dos seus sonhos.

Mas também há outros benefícios indiscutivelmente mais importantes. Estamos nos aproximando do final de nossa jornada, e temos só esta e mais uma lição. E por mais ansiosos que estejamos para chegar ao nosso destino, é vital que não percamos a importante atividade de nos sentarmos sob a árvore da *sakura* metafórica com nossos amigos, familiares e entes queridos para nos juntarmos no ato de "ser".

Eu prometi que ficaria longe dos clichês: era mentira. Aí vem: *o passado já foi, o futuro ainda não é, e tudo o que resta é o presente: e que presente!* Brincadeiras à parte, é fácil não entender o significado dessa velha máxima. Apenas "ser" é indiscutivelmente o maior objetivo que poderíamos alcançar. Ao estar com pessoas importantes para você, talvez fique tentado a olhar o relógio e pensar no que deveria estar fazendo; a conversar enquanto checa as mídias sociais para ver se seu último anúncio "impulsionado" está sendo recebido; a atrasar o jantar, só dez minutos, para responder àquele e-mail "crucial". Todos nós já fizemos isso. Todos nós temos ignorado as pessoas em nosso "agora" em favor das coisas do nosso "amanhã".

No entanto, mesmo quando você chegar ao seu destino, por melhor que seja, isso nunca substituirá o amor de alguém que o retribui de verdade. E por quê? Porque, como diz o velho ditado, esse é o maior presente da vida para todos nós: amar e ser amado de volta.

Lembro-me de ter escrito isto em meu diário:

Acaso Deus (universo ou outro)
Simplesmente se cansa de estar sozinho
E então cria "outro" além de si mesmo,
Para amar e ser amado em troca?
Talvez nós sejamos isso.

Enquanto estava fazendo a peregrinação, por mais maravilhoso que fosse poder provar a mim mesmo que tempo e dinheiro não necessariamente têm que ser um obstáculo para nossos objetivos e ambições mais elevados, não foi essa a melhor coisa que ganhei com a experiência.

Foram as pessoas que conheci pelo caminho, que me ajudaram a prosseguir nos momentos sombrios em que fui espancado e machucado física, mental e emocionalmente; as pessoas que me deram a oportunidade de desenvolver meu senso de compaixão, oferecendo-me a chance de transmitir a gentileza que haviam antes me mostrado; as pessoas que me acolheram em sua casa para tomar um chá, bater papo e fazer um breve descanso da estrada. Foram todas essas pessoas maravilhosas que, à sua maneira, me mostraram amor e também fizeram o amor brotar dentro de mim. Olhando para trás, isso foi o melhor da peregrinação.

É óbvio, com toda essa boa vontade, gratidão e amor andando por aí, talvez você descubra que, olhando mais de perto, já está em seu local de trabalho ideal. Talvez agora, com uma atitude nova e aprimorada, você por fim esteja recebendo (ou atraindo) o reconhecimento profissional, social e financeiro de que precisava para que esse fosse o "trabalho dos seus sonhos". E tudo bem. E também tudo bem se não for o caso.

Se este capítulo confirmou que você precisa seguir em frente ou, na verdade, que não há nenhum outro lugar onde precise estar, não importa. O que importa é que você nunca perca de vista o maior objetivo de *todos*: amar e permitir que o outro o ame.

Por todos os meios, construa um futuro magnífico — eu lhe dei bastante incentivo para fazê-lo ao longo deste livro —, mas não faça isso às custas daqueles que estão com você, que o amam aqui e agora.

Reserve um momento para ser grato por tudo o que eles trazem à sua vida; reserve mais um momento para amá-los também, e depois, com um humor mais leve, lute por seus sonhos com gosto.

A propósito, se quiser testar a teoria de que cantar um mantra pode melhorar seu humor, mesmo que não tenha ideia do que se trata, aqui está a versão fonética da versão japonesa que cantei na peregrinação (e canto até hoje). Caso contrário, pule e nos encontraremos no capítulo final.

Hannya Shingyo (O sutra do coração)

Maka Hannya Haramita Shingyo
Kan ji zai bo za tsu
Gyo jin han ya ha ra mi ta
Ji sho ken go on kai ku
Do i sai ku
Yaku sha ri shi

Shiki fu i ku
Ku fu i shi ki
Shiki soku ze ku
Ku soku ze shiki
Ju so gyo shiki

Yaku bu nyo ze
Sha ri shi
Ze sho ho ku so
Fu sho fu metsu
Fu ku fu jo
Fu zo fu gen
Ze ko ku chu

Mu shiki mu ju so gyo shiki
Mu gen ni bi ze shin i
Mu shiki sho ko mi soku ho
Mu gen kai nai shi mu i shiki kai
Mu mu myo yaku mu mu myo jin

Nai shi mu ro shi yaku mu ro shi jin
Mu ku shu metsu do mu chi yaku mu toku i

Mu sho toku ko bo dai sa ta e
Han ya ha ra mi ta ko
Shin mu ke ge mu ke ge ko
Mu u ku fu on ri i sai ten do mu so ku gyo ne

Han san ze sho butso e
Han ya ha ra mi ta ko
Toku a noku ta ra san myaku san bo dai
Ko chi han ya ha ra mi ta
Ze dai jin shu ze dai myo shu
Ze mu jo shu ze mu to do shu
No jo i sai ku shin jitsu fu ko
Ko setsu han ya ha ra mi ta shu
Soku setsu shu watsu

Gya tei gya tei
Ha ra gya tei
Hara so gyatei
Bo ji so wa ka
Hannya Shingyo

Lição 9
Você tem o que é preciso

É impossível viver sem falhar em algo, a menos que você viva com tanta cautela que poderia muito bem não ter vivido — nesse caso, você já falha automaticamente.

J. K. ROWLING

Minha jornada terminou onde havia começado. Eu havia completado, a pé, os 1.400 quilômetros da Peregrinação aos 88 Templos e estava voltando para Ryozen-ji, Templo 1, para "fechar o ciclo". Embora os 88 templos constituam a peregrinação inteira, sob uma perspectiva budista, para que seja considerada completa você tem que refazer seus passos e passar por todos os templos, do 88º para baixo, até mais uma vez se curvar diante dos portões do primeiro.

O sentimento de conclusão foi diferente de tudo o que já experimentei na vida: uma maravilhosa mistura de euforia e quietude profunda e pacífica. Eu escrevi isto em meu diário:

Com uma vitória física vazia em mãos,
Nasce a verdade:
Que o objetivo não é a vitória,
E sim a qualidade presente de criá-la.

No Zen, o símbolo de um círculo (*ensō*) é significativo e representado na peregrinação por sua rota ao redor da circunferência da ilha de Shikoku. O *ensō* simboliza iluminação, força, elegância, o universo e, lógico, ciclos sem fim. É um elemento importante do budismo e igualmente importante para aqueles que estão no caminho do milionário budista.

O fim nunca é o fim

Chegamos ao capítulo final deste livro e à última lição; é quase o fim. Mas o fim nunca é o fim.

Assim como as ondas rolam para a praia e depois recuam devagar, e a inspiração puxa o ar de fora com insistência, para então liberá-lo suavemente, o mesmo acontecerá com sua vida de milionário budista.

A vida em todas as suas expressões continuará circulando, em um sobe e desce sem fim pelos arcos do *ensō*. E aqui está a lição deste capítulo: você já esteve aqui antes, e sem dúvida tem o que é preciso para ser bem-sucedido de novo.

Os sete enredos básicos

Em seu livro, *Why We Tell Stories*, Christopher Booker descreve os sete enredos básicos que os autores usam para contar suas histórias. Existe, sugere ele, um número limitado de maneiras de se contar uma história, e as diferenças não estão nos enredos, e sim na forma como são delineados.* Assim como na vida.

Uma das coisas que impedem muitas pessoas de estabelecerem metas ambiciosas e lutar por elas é a dúvida. Com frequência, elas se perguntam se têm o que é preciso para ir além do normal. Se essa for a sua experiência, como foi a minha no passado, estou aqui para dizer que você realmente tem o que é preciso para construir a vida que escolher, inclusive uma na qual goste de um trabalho significativo e lucrativo. Mas, como sempre, fiel ao espírito do budismo, não espero que você aceite minha palavra como um evangelho; aconselho a investigar seu passado em busca de evidências.

Embora nem sempre seja fácil, a vida *é* simples. Só leva um tempo para acertar. Não há nenhuma informação especial que você precise saber; nenhum segredo escondido para dominar; nenhum projeto de sucesso místico para estudar; você só precisa continuar no jogo por tempo suficiente para se tornar uma pessoa realizada. Assim como acontece com um bom uísque descansando em barris enquanto seu sabor amadurece, não há nada a acrescentar à mistura, exceto o tempo.

---

* Os enredos são: Vencendo o monstro, De mendigo a rei, A busca, Viagem e retorno, Comédia, Tragédia e Renascimento.

O aluno se torna o mestre

Eu ensinava caratê a Alice desde que ela tinha 7 anos de idade, e agora que ela tinha 16, pensei, deitado no chão olhando para o teto, havia chegado a hora de ela tentar o *Shōdan* (prova da faixa preta).

Pela primeira vez, Alice penetrou todas as minhas defesas e me acertou bem no peito com a sola do pé. Eu não previ isso; foi uma surpresa, dado que velocidade e reação são a minha razão de ser na luta. A força me jogou no chão de madeira polida, onde agora estou, deitado de costas, rindo. Alice, tímida, estudiosa, educada, mas brutal, saiu correndo em pânico. Ela havia derrubado seu professor. Alice foi a primeira de minhas alunas a receber a faixa preta.

Assim como para cada história existem apenas sete enredos básicos, podemos garantir que um dia o aluno superará o mestre. A vida é maravilhosamente previsível.

Os humanos gostam de acreditar que são autônomos. Mas não são. E esse fato é como uma rosa com espinhos. Somos mais suscetíveis aos pensamentos, ideias, opiniões e manipulações dos outros do que gostaríamos de admitir. Se você duvida disso, de onde acha que emergem as crenças fundamentais que orientam as decisões da sua vida? Dos seus pais e do meio em que vive, é claro. Da mesma forma, você acha que está no controle completo de seus hábitos de consumo e decisões de compra no mercado? Você gostaria de pensar assim, não é? Mas as indústrias de publicidade e marketing discordariam.

Martin Lindstrom é um visionário do marketing que está na linha de frente do ramo de branding há mais de vinte anos.

Em seu livro, *Brandwashed: O lado oculto do marketing*, ele volta os holofotes para esse ramo, expondo todos os truques e armadilhas psicológicas que as empresas inventam para nos incentivar a comprar. É uma leitura que dá vontade de chorar, porque revela como somos "cegos" para as táticas de publicidade e marketing. Mas também é uma leitura reveladora, justamente pelas mesmas razões.

Depois que percorremos um caminho por um período significativo de tempo, normalmente os padrões começam a surgir. Uma empresa começa a identificar "comportamento de compra típico"; um funcionário percebe o que é necessário para "manter o chefe feliz"; um atleta entende que, com prática suficiente, suas estatísticas de desempenho aumentarão. Fazer uma peregrinação, que em si é uma representação microscópica do macrocosmo da vida, também revela padrões de vida. Podemos dizer que tudo que tenha começo, meio e fim é uma espécie de peregrinação, com todas as lições e descobertas inerentes a esse processo.

Assim, embora o ciclo interminável e previsível de um sol nascente e um poente possa disparar um alarme em alguns, essa previsibilidade é um motivo e tanto para comemorar.

Máquinas de sucesso

Você é uma máquina de sucesso. Mesmo que não se considere muito realizado, o fato de estar lendo isto prova que você *é* uma máquina de sucesso.

Seus genes sobreviveram a um ciclo interminável de melhoria contínua desde o dia em que deram os primeiros passos inseguros na peregrinação darwiniana da evolução. Pense um pouco nisso. Esse não é um assunto banal. Mesmo que atualmente esteja vivendo uma luta terrível que não parece nada além de fracasso, você ainda está sobre os ombros de muitos sucessos anteriores.

A sobrevivência é um processo brutal, violento e doloroso que favorece apenas os fortes. Você — sim, você — com todas as suas falhas, fragilidades e loucuras, é um dos sobreviventes da vida. Bom trabalho.

Alerta de fato interessante: o você biológico de agora não é o mesmo você de antes! Os glóbulos vermelhos vivem cerca de quatro meses, e depois são substituídos. Os glóbulos brancos vivem mais, cerca de um ano, ao passo que as células da pele duram apenas duas ou três semanas, e as do cólon apenas alguns dias. Você ainda é "você", claro, mas regenerado, pelo menos em algum grau.

No final da minha peregrinação, quando cheguei ao templo Ryozen-ji, percebi que, embora eu já houvesse estado lá — e, para todos os efeitos, continuasse a mesma pessoa —, não poderia ser mais diferente, assim como o crescimento de células totalmente novas no corpo. Dessa vez eu estava no templo com a experiência de centenas de milhares de passos atrás de mim. O lugar e eu éramos iguais, embora em mundos diferentes, por conta das dificuldades que enfrentei e dos insights que adquiri ao longo do caminho.

Permita-me outro exemplo do mundo das artes marciais.

Os bailarinos lutadores do Royal Ballet

Outros sete: desta vez, representa o número médio de anos que um aluno de uma escola de artes marciais de alta qualidade leva para atingir a cobiçada faixa preta. Essa extensão de tempo sugere que há muito a aprender para atingir esse objetivo icônico. Mas não é verdade. Um aluno médio, treinando no mínimo três vezes por semana, poderia francamente aprender todas as técnicas em um ano. Mas grande parte do que implica tornar-se um especialista em artes marciais é a repetição: treinar o mesmo de sempre, o mesmo de sempre, dia após dia.

Aos meus vinte e poucos anos, quando comecei a ensinar artes marciais em Londres e seus arredores, recebi um telefonema do Royal Ballet. Eles me convidaram para trabalhar com seus alunos mais jovens em White Lodge, um internato que fica no coração de Richmond Park.

White Lodge exala excelência. É onde algumas das futuras estrelas são preparadas para uma carreira nessa que é a mais estafante, mas bela, forma de dança. Alunos com idades entre 11 e 16 anos cursam os estudos acadêmicos junto com o estudo intenso e implacável do balé. Eu mesmo, que treinei artes marciais de alto nível sob a tutela de instrutores extremamente exigentes, fiquei impressionado com alguns dos esforços que esses jovens faziam para aperfeiçoar sua arte.

Devido à propensão dos bailarinos ao trabalho árduo, disciplina e foco, e ao alto nível de coordenação que eles alcançam por meio de sua arte, pude ensinar-lhes todos os movimentos que desenvolvi ao longo de quinze anos em apenas seis semanas.

Se você colocasse a mim e a esses alunos de balé lado a lado, e pedisse que demonstrássemos movimentos de artes marciais, um público leigo não seria capaz de nos diferenciar. Entretanto, se você nos pedisse para lutar até a morte, haveria apenas um vencedor. Eu.

Embora esses jovens houvessem aprendido a superficialidade dos movimentos — os "pretos e brancos" — com relativa facilidade, levariam muitos anos para chegar ao estágio intermediário, a "zona cinza", como gosto de chamá-la. São as nuances e sutilezas dessas zonas intermediárias que levamos anos para dominar. Embora o mestre e o novato usem as mesmas técnicas — afinal, quantas maneiras novas pode haver para chutar e socar? —, o especialista se diferencia por milhares de etapas "intermediárias".

O sucesso é um processo, não um evento

Você literalmente nasceu para ser bem-sucedido.

Mesmo que veja o mundo só em termos evolutivos, onde a única tarefa da biologia é espalhar genes para continuar a vida (e se essa é sua opinião, ufa, suponho que você não escreva poesia!), ainda assim está construído para o sucesso. Podemos pegar esse fato e usá-lo para aumentar nossa confiança e garantir nossa vida profissional ideal. Não importa para onde escolhamos direcionar nossos poderes de criação de sucesso — ontem, sobreviver a duras expedições de caçadores-coletores; hoje, completar uma maratona extenuante; amanhã, criar uma vida na qual você pula da cama para fazer o trabalho que ama e que lhe paga generosamente —, sucesso é sucesso.

O sucesso é um processo, não um evento. É algo concedido pelos deuses a uns poucos especiais. Não, o sucesso é muito mais bonito e exoticamente mundano. É um processo previsível; da mesma forma que a Amazon aprendeu que se eles "sugerirem" produtos suficientes que acham que você "pode gostar" quando visita o site deles, um dia, com certeza, previsivelmente você clicará no botão de "comprar agora". Os algoritmos da Amazon são mestres em dar o próximo passo e continuar até que sua tarefa seja concluída. E você também deveria ser assim.

A verdade é que — e meu agente e editor podem me socar por isso — você não precisa de outro livro, ou vídeo tutorial, ou qualquer outra coisa para lhe dizer como ser bem-sucedido. Você está vivendo, respirando, e essa é a prova de que já possui os dons, poderes e força necessários para fazê-lo. Enquanto desfruta dessa "preciosa vida humana", por que não a aproveitar ao máximo?

O importante é que você tenha fé, respeito e confiança suficientes, se não em si mesmo, pelo menos na vida, para rachar e moldar seu futuro exatamente como achar melhor.

Acredite que as sementes do sucesso estão dentro de você e que suas escolhas as fazem crescer

Uma das coisas que mais adoro em ser escritor é a liberdade que isso proporciona: liberdade de expressão (dependendo da escolha do meu editor para me deixar tomar as rédeas), mas também liberdade de tempo.

Enquanto escrevia este livro, eu seguia uma rotina rigorosa: acordar às cinco da manhã; sair da cama direto para minha almofada de meditação, para uma "sessão de energização" de 45 minutos; tomar banho; entrar no carro para chegar a uma aula de artes marciais para "madrugadores", às sete.

Voltava para casa por volta das 9h15, tomava um café e começava a escrever. Depois de passar a manhã no computador, fazia algo que amo tanto quanto escrever: passear com Smudge, meu cachorro Jack Russell, no Richmond Park.

Levar Smudge para passear é um prazer absoluto. Ver um cachorro correr livre é uma alegria. Os cães vivem de forma plena no presente, aparentemente sem pensamentos perturbadores sobre os fracassos de ontem, os medos do amanhã, e sem culpa por aproveitar ao máximo esse momento precioso e único no parque entre os cervos.

A maneira como os cães vivem reflete um ensinamento fundamental do budismo que se tornou nítido para mim enquanto fazia a peregrinação: que muitas das dificuldades que temos na vida são resultado da nossa incapacidade de aceitar o momento em que nos encontramos e nos comprometermos com ele — ao contrário de um cachorro! Nós, em vez disso, agarramos e pressionamos, sempre procurando e querendo alcançar algo fora do momento presente.

Pense neste ensinamento tendo como pano de fundo a sua experiência: em um instante qualquer, você provavelmente estará pensando em um passado que já foi, ou em um futuro que ainda está para chegar. Muito raramente você estará envolvido por completo no único tempo que existe de verdade: o presente.

Por quê? No meu caso, adoro pensar no que posso criar e melhorar no futuro. Adoro a vibração da criação, e muitas vezes me sinto entediado e sufocado pelo aqui e agora, sobretudo quando não acontece muita coisa; ou pior, quando o que acontece é intolerável.

A vantagem e a desvantagem de ter um cérebro humano é que, com nossas funções cognitivas avançadas, podemos planejar com antecedência. Mas se ficarmos presos no pensamento, deixaremos de aproveitar o presente. É uma corda bamba sobre a qual é preciso andar com cuidado.

Embora devamos pensar no futuro para planejá-lo, é importante reconhecer que ele é na verdade produzido no presente. Só pode haver este momento, bem aqui, agora. Como dizem os budistas, as sementes do sucesso futuro são inerentes às escolhas que fazemos no momento presente, e liberadas no presente, assim como acontece com uma noz.

À medida que o verão chega ao fim e os primeiros sinais do outono aparecem, os carvalhos do Richmond Park vão ficando carregados de nozes. Os esquilos se ocupam em coletá-las e armazená-las, enquanto os cervos se banqueteiam com as que caíram no chão embaixo das árvores.

Quando você pega uma noz e olha seu minúsculo corpo encimado por uma boininha rugosa marrom, é difícil acreditar que dentro dela está a semente que um dia formará um carvalho maravilhoso, nodoso e gigantesco; no entanto, sabemos que isso vai acontecer. Ao nosso redor, há maravilhosos carvalhos antigos nascidos de nozes. A prova está bem diante dos nossos olhos.

Portanto, da mesma maneira você tem que confiar que, ao escolher seu caminho, as sementes do sucesso já são inerentes à sua decisão, e os esforços que você dedicar farão com que elas cresçam.

Padrões de sucesso

Como exercício final, experimente o seguinte:

Pegue uma folha de papel e anote dez a vinte sucessos profissionais que você teve até o momento. Os sucessos podem ser grandes ou pequenos, ou algo no meio do caminho, para refletir a realidade do trabalho. Por exemplo, quando fiz esse exercício eu incluí lavar o carro dos meus pais por alguns centavos, conseguir meu primeiro emprego aos sábados (em uma loja de camping em Kingston-upon-Thames), assumir um cargo de professor em um importante clube de tênis de Londres, abrir meu próprio negócio e receber um contrato de publicação. Qualquer "conquista" relacionada a trabalho é notável. (Você pode fazer isso com outros assuntos além do trabalho, se quiser — isso revelará seus sucessos da mesma forma.)

Depois de um tempo, você talvez note que a vida, até certo ponto, sempre cuidou das suas necessidades de trabalho e dinheiro. Mesmo que você tenha chegado ao fundo do poço e precisado da ajuda de amigos, família ou governo, a vida interferiu e ajudou. Esses pontos baixos da vida costumam ser esquecidos. Eu não acredito que eles sejam indicadores de fracasso: pelo contrário, são evidências das formas excessivamente criativas que a vida tem de fornecer só o que você precisa, no exato momento em que precisa. Incontáveis biografias de pessoas conhecidas citam suas falências ou históricos difíceis como razões para o seu sucesso futuro: Abraham Lincoln, Dave Ramsey, Walt Disney, P. T. Barnum, Cyndi Lauper, Elton John, J. K. Rowling e Oprah Winfrey, entre tantos outros. Vamos dar uma olhada em alguns deles.

Abraham Lincoln: Antes de sua eleição bem-sucedida como presidente dos Estados Unidos da América em 1860, ele fracassou "bonito".

Depois que seu sócio morreu (eles eram donos de um armazém em Salem, Illinois), Lincoln ficou sozinho para pagar as dívidas bancárias crescentes e acumuladas para financiar o estoque de uma loja que não vendia. A falência moderna não existia na década de 1830, e Lincoln se viu forçado a passar os dezessete anos seguintes pagando seus credores.

Lincoln sobreviveu a essa turbulência, tornando-se um dos heróis mais notáveis dos Estados Unidos em seu papel de "salvador da União" e "emancipador dos escravos".

Dave Ramsey: Ramsey é indiscutivelmente o consultor financeiro pessoal mais lido e famoso da história dos Estados Unidos.

Seu popular programa de rádio (*The Dave Ramsey Show*) vai ao ar em 550 estações e atinge cerca de 8,5 milhões de ouvintes. Mas Ramsey, assim como Lincoln, fracassou antes de ser bem-sucedido. Ramsey financiou grandes compras para sua empresa imobiliária anterior, e isso provou ser sua ruína. Quando os credores começaram a cobrar as dívidas, ele não teve alternativa senão pedir falência.

Sua experiência pessoal com dinheiro e negócios, tanto bons quanto ruins, deu-lhe o insight que alimentou sua reinvenção como um inspirador "guru" financeiro.

Walt Disney: O mundialmente famoso criador de desenhos animados começou a vida como um fracasso, aos olhos de algumas pessoas, declarando falência quando ainda era adolescente e, de novo, alguns anos depois.

Inabalável, Disney, o empreendedor serial, pegou outro empréstimo para financiar mais uma empresa. Dessa vez, sua família foi a benfeitora, e sua empresa faria o primeiro longa-metragem de animação, *Branca de Neve e os sete anões*.

Mas a empresa que ajudaria Disney a acumular cerca de 5 bilhões de dólares também teve seus problemas iniciais. Os custos de produção de *Branca de Neve* ultrapassaram os recursos financeiros de Disney na época, e ele enfrentou mais uma falência, bem como a possibilidade de o filme não ser concluído.

Em uma última tentativa desesperada, Disney fez outro empréstimo, o filme foi concluído, e o resto, como dizem, é história. (*Branca de Neve* arrecadou 6,5 milhões de dólares e se tornou um dos filmes de animação de maior sucesso já feitos.)

P. T. Barnum: Barnum foi o fundador do Barnum and Bailey Circus, o circo mais famoso de todos os tempos e tema do filme de sucesso de 2017, *O rei do show*. Mas antes de 1871 e de seu enorme sucesso no circo, Barnum havia enfrentado uma série de dificuldades.

Motivado pela pobreza incapacitante em sua juventude, Barnum queria provar que poderia ser "mais". Aos 25, ele começou sua carreira de *showman*. Em 1841, comprou o Museu Americano de Scudder, na cidade de Nova York, e financiou a reforma do degradado edifício e suas exposições. Mas depois que o prédio pegou fogo (cinco vezes!), ele se viu forçado a declarar falência.

Sem se deixar derrotar pela adversidade, Barnum ganhou dinheiro dando palestras sobre "A arte de ganhar dinheiro", o que pagou suas dívidas e preparou o caminho para o início de seu famoso circo de três picadeiros. Ele tinha 64 anos quando encontrou seu grande sucesso.

Cyndi Lauper: Amando ou odiando-a, o sucesso musical de Lauper é indiscutível, e seu patrimônio líquido é estimado em cerca de 30 milhões de dólares. Mas, como acontece com todos os nossos outros exemplos de celebridades, Lauper sofreu dificuldades no caminho.

Antes de sua ascensão à fama, ela cantava e compunha para uma banda chamada Blue Angel. Eles lançaram um álbum em 1980 — praticamente sem aclamação pública —, e Lauper foi forçada a pedir falência em 1981.

Tempos ruins já haviam aparecido antes. Em 1977, os médicos disseram que" ela nunca mais cantaria depois de danificar gravemente as cordas vocais. No entanto, seis anos depois, em 1983, ela lançou seu álbum de sucesso, *She's So Unusual*, que incluía clássicos de sucesso como: "Girls Just Want to Have Fun", "Time After Time", "All Through the Night", "She Bop" e, coincidentemente, "Money Changes Everything".

Elton John: Elton John é um megastar, e você nunca suspeitaria que ele sofreu, no caminho da glória, as provações e tribulações que a maioria das pessoas comuns tem que suportar.*

---

* A menos que você tenha assistido ao seu recente filme biográfico, *Rocketman*, lançado nos cinemas em 2019.

Mas agora você deve ter adivinhado que, sim, ele passou por tudo isso! Só que ao contrário.

John teve sucesso imediato com o lançamento de seu primeiro single, "Your Song", em 1970 (quem não ama essa música?). A partir daí ele ascendeu ao estrelato com uma série de álbuns, sendo os mais notáveis *Goodbye Yellow Brick Road* e *Caribou*, lançados em 1973 e 1974, respectivamente.

Mas em 2002 as dificuldades que ele havia evitado até então em sua carreira bateram à porta. Depois de gastar todo o seu dinheiro em seu infame estilo de vida rock-and-roll, tudo desabou e ele foi forçado a pedir falência.

Em 2003, focado de novo e pronto para decolar mais uma vez, ele assinou um contrato para realizar 75 shows ao longo de três anos no icônico Caesar's Palace, em Las Vegas. Em 2018, seu valor estimado era de 450 milhões de dólares. Talvez seu próximo single possa se chamar "The Comeback Kid".

J. K. Rowling: Como escritor, gosto de citar este exemplo de celebridade. Rowling vendeu milhões de exemplares de seus livros em 73 idiomas diferentes, e acumulou mais de 20 bilhões de dólares pelas adaptações para filmes e linhas de produtos. Mas ela também, como não é de surpreender, tem uma história de sofrimento.

No final dos anos 1990, Rowling estava lutando contra a depressão após a morte de sua mãe, um casamento fracassado, um bebê para criar sozinha, o desemprego, e manuscritos de um novo livro sendo rejeitadas a torto e a direito pelas editoras. Ela conta que doze editoras haviam rejeitado seu livro protagonizado por Harry Potter!

Para Rowling, era o fundo do poço. Mas ela ainda estava viva, então continuou fazendo o que adorava: escrever.

"O fracasso significou reduzir-me ao essencial. Eu parei de fingir para mim mesma que era outra coisa diferente e comecei a direcionar toda minha energia à conclusão do único trabalho que importava para mim", diz Rowling. Isso parece muito com a lição que Jim, o marido da minha professora de japonês, me ensinou tantos anos atrás.

Oprah Winfrey: "Eu sei de verdade: sua jornada começa com a escolha de se levantar, sair e viver plenamente." Essas são as palavras que estão na quarta capa do livro de Oprah Winfrey, *O que eu sei de verdade*.

Aos 63 anos, Oprah Winfrey acumulou uma lista impressionante de realizações na mídia: ela é a apresentadora e proprietária do programa de televisão, nos Estados Unidos, com maior audiência de todos os tempos (*The Oprah Winfrey Show*), dirige uma rede de televisão (OWN), tem sua própria revista mensal, (a brilhante *O, The Oprah Magazine)*; e é a mulher afro-americana mais rica, bem como a primeira e única multibilionária negra dos Estados Unidos.

Em contraste, sua infância foi uma lista de dificuldades igualmente notáveis. Nascida em 1954 no Mississippi, filha de mãe solteira adolescente, ela era tão pobre que ia à escola usando vestidos feitos de sacos de batata. Em 1986, em seu programa de TV, ela revelou que foi estuprada aos 9 anos por um primo e, a seguir, por outros membros da família. Ela engravidou aos 14 anos, mas seu filho morreu prematuramente. Ela também falou várias vezes sobre sua luta contra o peso e a vergonha em relação à sua imagem corporal.

Apesar de todas essas dificuldades, Oprah Winfrey é uma mulher que vive e respira positividade: "Acho que o tempo não é aproveitado da melhor maneira se focado onde não estamos", diz ela. "Meu negócio é: faça. Quer ver as mudanças? Então vá lá e faça você mesmo essas mudanças."

Eu uso esses exemplos não porque precisamos aspirar à fama e glória (mas, se você quiser, por que não?), mas porque as luzes brilhantes das celebridades muitas vezes ajudam a destacar uma coisa: todos queriam algo, todos lutaram, todos eles chegaram lá, no fim das contas.

Lembre-se de que essas pessoas não começaram famosas. Elas são bem conhecidas agora, mas não porque sejam dotadas de algum dom ou poder oculto. Elas já foram "faixas brancas", como todos nós. Suas histórias demonstram as diferentes maneiras de a vida nos estimular a alcançar nossas aspirações.

No entanto, talvez alguns argumentem que a prioridade evolutiva da vida é o mero objetivo de espalhar genes, e não de facilitar nosso sucesso no mundo moderno. A princípio, pode ser verdade que a sobrevivência era a maior ambição da vida; mas a vida progride. No passado, de acordo com o diagrama de Hierarquia de Necessidades de Maslow (ver o segundo capítulo), a vida era apenas conseguir atender às necessidades essenciais à sobrevivência, como ar, água, sexo, um lugar para dormir e essas coisas. Mais tarde, à medida que progredíamos, passaram a ser incluídas necessidades mais sutis, como autoestima, confiança, realização e respeito dos outros e aos outros.

O fato é que fomos projetados para evoluir e exibir nossas capacidades mais elevadas, e a vida tem todo o interesse em nos ajudar a fazer isso.

Portanto, console-se com esse conhecimento e com as outras oito lições que o precedem, vá lá e faça uma vida espetacular para si mesmo. Defina seu padrão lá no alto. Por que você *não* esperaria viver uma vida na qual o trabalho — uma ocupação à qual você dedica um terço de sua vida — seja inspirador, significativo *e* financeiramente compensador?

Ouse pedir grandes coisas a si mesmo, porque no final, no espírito do ciclo sem fim do *ensō*, será a sua vez, como o novo mestre, de repassar essa ajuda aos seus alunos, que estarão ansiosos pelas suas instruções.

E a volta do ciclo recomeçará, tudo de novo.

Conclusão
A rede de Indra

Na escola Huayan do budismo chinês, a história da "rede de Indra" é usada para descrever a interconexão do universo.

A história conta que o grande deus Indra possui uma rede que se estende até o infinito. Em cada buraco da rede está pendurada uma joia cintilante — todas as joias brilham como as estrelas em um céu infinito. Na superfície polida de uma única joia é possível ver refletidas todas as outras, infinitas em número, e todas as outras refletem de volta a única joia.

Semelhante à rede de Indra, as nove lições deste livro refletem umas às outras e vivem umas nas outras. A Lição 9, por exemplo, acreditar que você tem o que é preciso para atingir seus objetivos, naturalmente reflete a Lição 1, na qual você primeiro escolhe o que quer. A fé em si mesmo leva ao sucesso na obtenção dos objetivos escolhidos e, por sua vez, constrói mais fé e liberdade para escolher ainda mais, *ad infinitum*.

Falei sobre as lições que aprendi durante a Peregrinação aos 88 Templos no contexto da criação de um trabalho que seja significativo (e agradável) e lucrativo, mas elas podem ser usadas para qualquer objetivo. Optei por tratar do tema trabalho porque, ao voltar do Japão, percebi que era a causa das dificuldades de grande parte das pessoas, pelo menos entre aquelas com quem eu convivia.

Um homem santo que conheci durante a peregrinação me disse que era meu dever compartilhar o que havia aprendido, para a melhoria do mundo e de seu povo. Inicialmente, fiz isso contando minhas experiências em meu livro *The Hardest Path*. Mais tarde, ficou claro que as lições poderiam ser usadas de forma mais incisiva para lidar com dinheiro, um assunto que afeta cada um de nós, não importando sexo, raça, cor ou credo, e que impulsiona muitas das nossas decisões sobre trabalho, vida e negócios.

Grande parte de uma peregrinação é feita em silêncio total; a ideia é permitir que as respostas que você busca borbulhem sem que sejam obscurecidas por conversas frívolas. A sabedoria concedida a um peregrino pode, então, ser "ouvida" com mais clareza e ponderada, e traduzida em qualquer formato necessário para ajudar e servir aos outros.

Levei alguns anos para perceber que esses grandes insights de uma das grandes trilhas espirituais do mundo poderiam ser usados para um assunto tão mundano quanto o dinheiro. Chegou um momento, porém, em que percebi que o assunto do dinheiro não pode ser evitado, nem mesmo de dentro da torre piedosa em que suspeito que eu estava me escondendo.

A virada aconteceu quando eu estava assistindo à Sua Santidade o Dalai Lama no YouTube. Ele estava fazendo um discurso sobre compaixão para uma congregação de milhares de seguidores de olhos arregalados, todos banhados em sua presença espiritual. Por alguma razão, olhei para as vestes dele.

Por mais simples e despretensiosos que fossem seus fios marrons e cor de açafrão, não pude deixar de pensar que, em algum momento ou contexto, dinheiro teria que ser gasto para manter esse grande ícone espiritual vestido. Naquele momento, o vínculo inextricável entre uma vida de sentido e o dinheiro entrou nitidamente em foco, e decidi que uma conversa sobre o tema financeiro seria o próximo passo.

Este livro, então, é essa conversa. São lições de vida que passei a compreender de forma definitiva e clara durante a peregrinação, livre do obscurecimento da vida cotidiana. Você não precisa fazer uma peregrinação para descobri-las; eu as descobri enquanto peregrinava.

Para recordarmos, são elas:

1. **Comece de onde está**
   Claro, é impossível estar em outro lugar que não onde está agora. Estando satisfeito ou não com a sua posição inicial, isso em nada muda o fato. Reconheça, aceite isso. Avance a partir daí, mas nunca negue onde está. Por enquanto, você está onde está e é quem é, e esse lugar é tão bom quanto qualquer outro para começar a decidir o que quer e aonde quer ir.

2. **A arte do "um passo de cada vez"**
   Do lugar onde você começa, há apenas uma direção a seguir: para frente. A vida, ou mesmo qualquer jornada, às vezes é opressora, e a incerteza muitas vezes pode levar à procrastinação e inatividade. Quando

isso acontecer, simplesmente concentre-se em uma tarefa imediata e fácil, no simples passo seguinte da sua aventura. Não precisa se preocupar com os muitos passos que precisa dar a quilômetros daqui; você pode cuidar deles assim que chegar lá. E quando fizer isso, eles serão simplesmente mais um único passo iminente a dar.

3. **Quando o aluno está pronto, o professor aparece**
Às vezes, você não sabe qual deve ser seu próximo passo. Nesse caso, impulsionado por seu compromisso com a ação — uma vez que você saiba qual é essa ação —, tenha certeza de que o professor de seu próximo movimento aparecerá. Pode aparecer como uma frase de um livro, um insight durante uma caminhada, um comentário de um amigo ou, literalmente, um professor com as respostas que você procura. Mantenha seus olhos, ouvidos e mente abertos para a sabedoria.

4. **A arte do mínimo esforço**
Dizer para você se esforçar para não se esforçar muito é uma contradição, mas, por mais difícil que seja, vale a pena o esforço! Relaxe um pouco. Solte as rédeas. Não é essencial que você tenha tudo planejado para ser bem-sucedido. Lembre-se de que o sol nasceu muito antes de você e vai se pôr muito depois de você ter partido. Por que não aproveitar as cores e o calor dele enquanto você está aqui, sem interferir?

5. **A arte da meditação**
Essa é sem dúvida a habilidade mais importante que qualquer ser senciente pode desenvolver. É vital por muitas razões. Entre outras coisas, ela o ajudará a explorar seus recursos internos latentes, desenvolver foco a laser para enfrentar tarefas importantes, reduzir o estresse em tempos difíceis e fornecer uma maneira de olhar para sua vida, inclusive o trabalho, que o ajudará a chegar aonde você deseja ir; ou, igualmente, encontrar valor no lugar onde você está atualmente.

6. **A lei do carma**
As coisas vão dar errado. Negar isso não é só prestar um desserviço a si mesmo, mas também interpretar mal as vicissitudes da vida. Com uma nova perspectiva, os problemas podem ser usados não apenas como combustível para o sucesso futuro, mas também para fornecer informações sobre nós mesmos.

7. **Moedas invisíveis**
Nem tudo de valor é mensurável em dinheiro. Na verdade — e muitas canções dizem isso —, "as melhores coisas da vida são de graça". Se sua medida de sucesso for exclusivamente financeira, você estará preparando terreno para uma forte queda. Usando as lentes do "só dinheiro", você não consegue ver as "moedas invisíveis" — aquelas coisas que têm grande valor, mas não podem ser trocadas logo de cara por dinheiro vivo — e pode se sentir tentado a abortar

prematuramente seus planos ambiciosos quando eles estavam prestes a deslanchar.

8. **Amor, gratidão e o coração (sutra)**
   É um velho clichê dizer "ame a viagem, não só o destino", mas, por mais banal que seja, não há maneira melhor de expressar isso. Ao fazer sua jornada (outro clichê do qual não me arrependo) em direção à sua vida profissional dos sonhos, lembre-se de demonstrar amor e apreço pelo caminho. Seja grato por onde você esteve, onde está atualmente e pelo que está por vir; reserve um tempo para ouvir e conversar com as pessoas que encontrar; ame as vitórias, as perdas, o processo e, acima de tudo, a si mesmo e ao trabalho que estará presenteando ao mundo.

9. **Você tem o que é preciso**
   Você tem um histórico de sucesso, uma história cheia de "pequenas vitórias": aprender a andar, seu primeiro beijo, tirar a carteira de motorista, por fim controlar seu temperamento, recuperar-se de um susto com a saúde, ter filhos, não ter filhos — a lista não tem fim. Repare em qual é a sua tendência na hora de "fazer o trabalho". A vida está do seu lado, não importa o objetivo. Escolha o que quiser e faça um favor a si mesmo; vá e pegue. Afinal, por que quebrar o hábito de uma vida inteira?

Em última análise, não importa como você chega lá, o que importa é ir. Eu insisto para que você não espere.

A vida é um trabalho em andamento, assim como as descobertas da ciência, religião e filosofia. Recorri a informações factuais de todas essas disciplinas, e espero que você tenha achado isso interessante e benéfico. Mas, no espírito do budismo, escrevi sobretudo por experiência própria e dos outros milionários budistas que entrevistei. Depende de você acrescentar e atualizar esse reservatório de conhecimento, criando suas experiências, descobrindo suas verdades e esculpindo seu modelo de vida único.

Se ainda não está evidente, permita-me reiterar: para ser um milionário budista, não é necessário ser budista nem milionário. O termo é aplicável a qualquer pessoa comprometida com um trabalho significativo no qual esteja envolvida e pelo qual seja apaixonada (como se pode esperar de um budista), e ganhando um bom dinheiro (como você pode esperar de um milionário). Deixo a você decidir quais dos nossos entrevistados são milionários budistas no sentido literal e metafórico do termo.

Espero de verdade que este livro seja útil para você; e talvez um dia eu acorde com um e-mail ou mensagem sua no Facebook me dizendo que as ações que ele precipitou mudaram irrevogavelmente sua vida profissional.

Em sua mensagem, talvez você diga que nunca amou tanto o trabalho quanto agora, e que financeiramente está no melhor lugar em que já esteve. Talvez diga que superou alguns contratempos iniciais, mas perseverou em sua visão de trabalho, apesar de tudo. E, adivinhe, talvez diga: você tinha razão, deu tudo certo no final!

Mas a melhor parte da mensagem será que, impulsionado por seu sucesso, você agora começou a ajudar os outros a fazerem o mesmo; eles recorrem a você para obter conselhos sobre como viver uma vida enriquecida com um trabalho lucrativo, agradável e significativo. E esse será o momento em que gritarei, diante de meu notebook, para minha esposa:

"Ei, Shez, dê só uma olhada nessa mensagem legal que acabei de receber de um leitor. Acho que temos um novo milionário budista."

Gratidão

Alguém, além dos agraciados, lê a parte dos agradecimentos (eu prefiro o termo "gratidão") de um livro? Pois deveria, e eu gostaria de ter feito isso no início da minha carreira. Em certa fase da vida, entendemos que o sucesso não pode ser alcançado ou desfrutado sem uma equipe. Nenhum de nós, como dizem, é uma ilha.

Muitas pessoas maravilhosas estão envolvidas no livro que você tem em mãos hoje. Espero que o reconhecimento público dos esforços delas de alguma forma lhes permita saber quanto valorizo o que fizeram por este projeto. Então, aqui vai. Obrigado a: Michael Taylor, Selina Lamy, Drew Sullivan, Charles Negromonte, Sunni Jardine, Cheree Strydom, Ian McClelland, Dhruv Baker, George Asprey, Gary Chamberlain, Moatez Jomni e Matt Hastings, por compartilharem suas histórias inspiradoras; à maravilhosa equipe da Short Books, em especial à fabulosa Helena Sutcliffe, que entregou seu coração e alma a este livro e o aprimorou com suas contribuições (ela poderia dobrar os joelhos um pouco mais quando joga tênis!); à minha Sheri, que precisa de um prêmio só por me aturar (todos os parceiros de escritores sabem como é); à inimitável Frances Cutts, que sempre foi e sempre será meu primeiro ponto de parada ao buscar conselhos — é sempre bom saber que você está ao meu lado; e a Renata Kasprzak, minha agente, que me apoiou desde o início e me ajudou a cruzar a ponte da ideia para a realidade — aqui está, para muitos mais.

O último e talvez o mais importante agradecimento vai para você, leitor, que despendeu tempo e esforço, sem falar que pagou e investiu dinheiro nas ideias e nas páginas deste livro. Obrigado. Espero que ele lhe atenda bem e que você acabe curtindo fazer o trabalho que adora.

Notas finais

1 "Divorces in England and Wales". Office for National Statistics, 2016. Disponível em: <https://www.ons.gov.uk/peoplepopulationandcommunity/birthsdeathsandmarriages/divorce/bulletins/divorcesinenglandandwales/2016>.
2 "Recession linked to over 10,000 suicides across Europe, North America". *British Journal of Psychiatry*, 2014. Disponível em: <https://www.sciencedaily.com/releases/2014/06/140612085801.htm>.
3 Hempstead KA, Phillips JA. "Rising suicide among adults aged 40–64 years: The role of job and financial circumstances". *American Journal of Preventative Medicine* 48(5), 2015, 491-500.
4 Yuval Noah Harari. *Sapiens: Uma breve história da humanidade*. São Paulo: L&PM, 2014.
5 Michael Taylor, *Banqueiros anônimos*. Disponível em: <https://www.bankersanonymous.com/about/>.
6 "How the PPI Scandal Unfolded". *The Guardian*, 2011. Disponível em: <https://www.theguardian.com/business/2011/may/05/ how-ppi-scandal-unfolded>.
7 Hans Kruuk. *Surplus Killing by Carnivores*, 1972.
8 *The American Heritage Dictionary of English Language*, 5ª edi-

ção, 2020. Houghton Mifflin Harcourt Publishing Company.

9 Hannah Jane Parkinson. "Would you take £1m now, or £1,000 a week for the rest of your life?". *The Guardian*, 2018. Disponível em: <https://www.theguardian.com/commentisfree/2018/mar/29/would-you-take-1m-now-or-1000-a-week-for-the-rest-of-your-life>.

10 "How Many People Volunteer and What Do They Do?". *UK Civil Society Almenac*, 2019. Disponível em: <https://data.ncvo.org.uk/volunteering>.

Este livro foi composto na tipografia Adobe
Garamond Pro, em corpo 12/16, e impresso em
papel off-white no Sistema Cameron da
Divisão Gráfica da Distribuidora Record.